L'ESSENTIEL DE LA GESTION BUDGÉTAIRE

Groupe Eyrolles
61, Bd Saint-Germain
75240 Paris Cedex 05

www.editions-eyrolles.com

Dans la même collection

L'essentiel des achats, Jean-Christophe Berlot, José Luis Bustamante, 2012
L'essentiel de la comptabilité analytique, Didier Leclère, 5e éd, 2011
L'essentiel du diagnostic financier, Béatrice Rocher-Meunier, 5e éd, 2011
L'essentiel de la fiscalité d'entreprise, Eric Spiridion, 2011

Directeur d'ouvrage : Jean-Michel Rocchi
La collection « DFCG » est dirigée par François-Xavier Simon.

© Groupe Eyrolles, 1944, 2012
ISBN : 978-2-212-55334-5

DIDIER LECLÈRE

L'ESSENTIEL DE LA GESTION BUDGÉTAIRE

Deuxième édition

LES ESSENTIELS DE LA FINANCE

EYROLLES

Table des matières

Qu'est-ce que la gestion budgétaire ?

l'ESSENTIEL

La gestion budgétaire trouve son origine dans le domaine public : c'est un mécanisme d'allocation et de contrôle des ressources lié au fonctionnement du parlementarisme, qui a ensuite été transposé pour accompagner le développement des grandes entreprises.

C'est un instrument de contrôle de gestion, de simulation, d'aide à la décision, de motivation et de gestion des conflits potentiels.

La pratique a tendance à se généraliser, notamment dans les PME, et à s'institutionnaliser, avec le développement de contraintes légales en matière de prévention des difficultés des entreprises.

1. Les origines historiques de la gestion budgétaire

1.1. LA « BOUGETTE » DU MOYEN ÂGE

Le terme de « budget » vient d'un mot de l'ancien français, la « bougette », ou « petite bouge ». La « bouge » désignait au Moyen Âge le coffre ou le sac permettant au voyageur d'emporter avec lui marchandises ou effets personnels, avec à peu près le même sens que notre moderne « bagage ».

Les latinistes auront reconnu dans notre bouge l'antique *bulga (ae, f)* romaine, le sac de cuir que les patriciens portaient au bras.

« Avoir la bougette » signifiait s'équiper, se préparer pour partir en voyage, rassembler ce dont on allait avoir besoin pour faire face aux nécessités de la route. L'expression nous est parvenue avec le sens de ne pas pouvoir rester en place : on reprochera à un enfant turbulent d'avoir la bougette, ou encore d'avoir la « bougeotte ».

Au Moyen Âge, dans un sens plus restreint, la bougette signifiait aussi et surtout la bourse dans laquelle le marchand serrait ses écus lorsqu'il avait à se déplacer, pour se rendre, par exemple, aux célèbres foires des cités champenoises.

Avoir la bougette, c'est donc en fait à la fois ne pas pouvoir rester en place, évoluer avec dynamisme, entreprendre, mais également avoir prévu et programmé les dépenses et disposer de la somme d'argent nécessaire pour mettre en œuvre son projet. C'est, au sens propre comme au sens figuré, avoir l'argent du voyage. La bougette fait ici figure de symbole : elle matérialise l'alliance de l'aventure commerciale et du réalisme financier, la synthèse de l'esprit d'entreprise et de la prévoyance calculée.

1.2. LA PROCÉDURE BUDGÉTAIRE, INSTITUTION DE DROIT PUBLIC

Le terme a ensuite été repris par les Anglais, à l'époque où ceux-ci expérimentaient la mise en place des institutions représentatives de la démocratie parlementaire, pour signifier de façon imagée la somme d'argent allouée à une entité administrative pour que celle-ci puisse fonctionner et mettre en œuvre les décisions du Parlement. Le « budget » devient alors un terme de droit public, et la procédure budgétaire un des fondements des institutions parlementaires.

L'une des prérogatives essentielles du Parlement est en effet de décider du montant des impôts qui seront levés et de la répartition des sommes ainsi perçues entre les différents départements ministériels. Chaque ministre dispose ainsi de son budget, d'une somme d'argent disponible pour remplir sa mission.

Tout comme le marchand dispose d'une bouge pour contenir l'argent de son commerce, le ministre dispose d'une bouge abstraite, d'une « enveloppe » budgétaire : le terme de « portefeuille » ministériel, qui est encore souvent utilisé de nos jours, renvoie à la même image.

Le mécanisme d'allocation budgétaire permet à l'État de résoudre un problème de gestion difficile : comment contrôler le fonctionnement d'un ensemble complexe, constitué d'une multitude de composantes dispersées géographiquement, dont il faut bien en pratique déléguer la gestion à des représentants locaux exposés à toutes les tentations ? On aura reconnu là une « relation d'agence » bien connue des théoriciens de l'organisation. La procédure budgétaire représente dans cette perspective une solution pertinente au problème de l'organisation des relations entre un « principal » (le peuple incarnant la souveraineté et s'exprimant à travers ses élus au Parlement) et ses « agents » (les différents ordonnateurs de dépenses qui décident au nom de l'État ou de collectivités publiques) : les agents disposent d'une assez grande autonomie de décision, mais dans le cadre d'une enveloppe budgétaire permettant d'effectuer un contrôle *a priori*. Aucune dépense ne pourra être engagée, théoriquement, si elle n'a pas été prévue et votée dans le cadre d'une ligne budgétaire.

1.3. LA TRANSPOSITION EN GESTION

Au début du xxᵉ siècle, on va assister au développement d'un phénomène caractéristique, celui de l'émergence d'organisations économiques de grande taille, dont la logique de gestion est très différente de celle de l'entreprise individuelle d'un petit négociant. Or les problèmes de gestion dans les grandes entreprises sont, du fait du facteur taille, en grande partie de même nature que ceux qui se posent aux États : dans les deux cas, il s'agit de concilier délégation, coordination et contrôle. Et tout naturellement, on assiste historiquement, à partir des années 1920 ou 1930, à l'introduction de procédures de gestion budgétaire dans les grandes entreprises américaines ou européennes présentant de nombreuses similitudes avec les procédures budgétaires parlementaires.

Comment un grand groupe multinational peut-il espérer conserver la maîtrise du développement d'un ensemble de plusieurs dizaines ou plusieurs centaines de filiales ? Tout simplement en centralisant la réflexion stratégique, en décentralisant la gestion opérationnelle et en coordonnant le tout par une procédure d'allocation budgétaire des ressources financières.

À SAVOIR

Historiquement, la gestion budgétaire apparaît donc comme la transposition, en tant qu'outil de contrôle de gestion dans les grandes entreprises, de procédures développées initialement pour les besoins de la comptabilité publique et de la gestion de l'État... Ce fait méritait d'être souligné, à une époque où le discours dominant consiste à ironiser sur la lourdeur bureaucratique des procédures administratives et à montrer en exemple l'efficacité de la gestion des entreprises privées !

Mais comme beaucoup d'autres instruments de gestion, le budget n'est pas réservé exclusivement aux grandes entreprises ; beaucoup de PME ont compris l'intérêt que pouvait représenter l'introduction de la gestion budgétaire pour éclairer leurs choix de gestion et permettre la mise en œuvre de procédures de contrôle. C'est pourquoi la gestion budgétaire peut être considérée comme une discipline de base dont la connaissance est devenue indispensable à tout responsable économique, et qui figure maintenant en bonne place dans tous les cursus de formation à la gestion, notamment au sein des enseignements de contrôle de gestion.

Traditionnellement, la gestion budgétaire est le plus souvent présentée comme une discipline « comptable », relevant en général dans les établissements d'enseignement de la gestion d'un pôle « comptabilité-finance-contrôle ». Plus précisément, la matière est habituellement abordée en aval d'un cours de comptabilité analytique, pour s'intégrer ensuite dans une approche globale du contrôle de gestion : en effet, les techniques du contrôle budgétaire constituent très souvent le « noyau dur » des systèmes de contrôle. Mais il ne faudrait pas oublier que la gestion budgétaire est avant tout une discipline transversale, dans la mesure où le budget est un puissant moyen de coordination et d'« intégration » des différentes fonctions.

❯ Concrètement, le responsable d'un service marketing, par exemple, devra présenter et justifier son budget, puis il devra répondre des écarts que le système comptable mettra en évidence entre prévisions budgétaires et réalisations.

Il n'y a donc pas que les « comptables » à être concernés par la gestion budgétaire...

2. Les objectifs de la gestion budgétaire

2.1. LE BUDGET COMME INSTRUMENT DE CONTRÔLE DE GESTION

Le budget apparaît tout d'abord comme l'une des pièces essentielles du système de gestion de l'entreprise, tout du moins dans la perspective classique, « cybernétique », du contrôle de gestion[1].

En fonction des objectifs de l'entreprise et des informations disponibles sur l'état de la situation, le gestionnaire prend des décisions. Ces décisions sont ensuite exécutées et permettent d'atteindre certains résultats. Si l'information était parfaite, les décisions pourraient être optimales et les résultats correspondraient parfaitement aux objectifs. Or le gestionnaire est toujours en situation d'information imparfaite, car une information parfaite aurait un

---

1. Voir à ce sujet notre article : « Les fondements cybernétiques du contrôle de gestion », *Revue Économie et comptabilité*, n° 155, juin 1986.

coût infini, et il est de toute façon théoriquement impossible d'anticiper parfaitement le comportement des autres agents constituant l'environnement socio-économique de l'entreprise. Il faut donc s'attendre à ce que les résultats effectifs aient tendance à s'écarter des résultats attendus. Pour s'opposer à cette dérive inéluctable, il est nécessaire de mettre en place un système d'information permettant de détecter le plus rapidement possible les écarts entre les prévisions et les réalisations, et d'induire de façon rétroactive des décisions correctrices selon un processus de régulation, de pilotage, que l'on peut qualifier de « cybernétique » (du grec *kubernetes*, qui signifie gouvernail : belle image... On retrouve le terme dans *gouvernement*, et bien sûr dans la *gouvernance* des financiers).

Dans ce cadre, le budget joue un rôle central puisqu'il explicite l'ensemble des prévisions considérées comme les normes à respecter. C'est ensuite le système comptable qui est chargé d'évaluer les performances effectives et de faire apparaître les écarts entre prévisions et réalisations par le biais, par exemple, de l'utilisation de la méthode des coûts standard. Ce mécanisme de contrôle budgétaire, qui est au cœur des procédures de contrôle dans la plupart des entreprises, suppose bien évidemment l'établissement de prévisions budgétaires.

2.2. Le budget comme instrument de simulation et d'aide à la décision

Indépendamment du problème du contrôle de la réalisation, l'établissement du budget est un exercice permettant d'éclairer certains choix, en utilisant le modèle comptable analytique sous-jacent comme un outil de simulation.

En effet, pour être en mesure d'établir un budget, il faut avoir identifié les facteurs qui ont une influence sur le niveau des charges, des produits et des résultats de l'entreprise. Une comptabilité analytique en *direct costing*, par exemple, permet de faire une analyse de la structure des charges en charges fixes et charges variables et d'établir un modèle de l'exploitation. Ce modèle permet de faire des projections de charges prévisionnelles en fonction des niveaux d'activités prévisionnels retenus. Effectué pour les besoins de l'établissement des prévisions budgétaires, il peut être utilisé, par exemple, pour tester plusieurs hypothèses et mesurer l'impact qu'aurait telle ou telle décision sur le résultat prévisionnel.

Dans cette optique, le budget peut être considéré comme un outil d'aide à la décision dans la mesure où il permet de chiffrer les effets de la mise en œuvre d'un programme. Autrement dit, le budget définitif de l'entreprise peut être considéré comme l'une des multiples variantes ayant été testées en amont avant que les orientations définitives pour l'exercice budgétaire à venir ne soient finalement décidées : la mécanique budgétaire peut ainsi tourner à blanc plusieurs fois afin de tester différentes hypothèses.

〉 Cette fonction de simulation permet de comprendre l'importance considérable de l'informatique à ce niveau : l'utilisation d'un logiciel informatique de type tableur, par exemple, permet de changer une hypothèse (le niveau d'activité d'un atelier, par exemple) et d'obtenir presque immédiatement une nouvelle « mouture » des prévisions budgétaires.

2.3. LE BUDGET COMME INSTRUMENT DE MOTIVATION ET DE GESTION DES CONFLITS

Au-delà des aspects de pure technique comptable et budgétaire, la procédure d'établissement des budgets joue également un rôle très important sur le plan de la psychosociologie des relations entre les différents acteurs associés au fonctionnement interne de l'entreprise[1].

En effet, certaines entreprises peuvent jouir d'un climat consensuel, chacun adhérant pleinement aux objectifs mis en avant par la direction. Toutes les approches actuelles dans le domaine du management visant à faire émerger une forte culture d'entreprise facilitant l'identification des salariés aux valeurs et aux objectifs de l'entreprise, toutes les méthodes utilisées en gestion des ressources humaines cherchant à développer la participation vont dans ce sens. Mais la plupart du temps, l'entreprise reste un milieu très conflictuel dans lequel les oppositions entre les services, entre les différentes catégories professionnelles, entre la direction et les organisations syndicales servent de toile de fond aux relations quotidiennes entre les individus.

Dans cette perspective, le budget remplit souvent une fonction essentielle : celle d'expliciter financièrement les termes du compromis permettant de garantir la paix sociale nécessaire au fonctionnement normal de l'entreprise. En ce sens, le budget joue le rôle d'un « quasi-contrat » facilitant la convergence des motivations de tous les agents concernés. Toute la politique en matière de salaires, par exemple, trouve son expression dans les documents budgétaires, et le fait d'associer de façon décentralisée les représentants du personnel à l'élaboration des prévisions budgétaires est un facteur important assurant la transparence de la gestion et la possibilité d'obtenir un consensus.

---

1. Voir à ce sujet notre article : « Prévisions budgétaires et objectifs de l'entreprise », *Revue française de comptabilité*, n° 177, mars 1987.

3. L'institutionnalisation progressive de la gestion budgétaire

L'établissement des prévisions budgétaires a longtemps été considéré comme un outil de gestion interne relevant du bon vouloir de la direction. Il n'y avait aucune obligation en la matière, chaque entreprise étant libre d'apprécier l'intérêt que pouvait représenter l'introduction de procédures budgétaires dans son système de gestion.

Or, depuis quelques années, il s'est produit une évolution considérable dans ce domaine, illustrée par l'introduction d'obligations nouvelles dans le droit comptable en matière de comptes prévisionnels.

L'origine de cette évolution est à rechercher dans le débat d'idées qui s'est instauré à la suite du célèbre rapport Sudreau et qui s'est focalisé à la fin des années 1970 et au début des années 1980 sur la nécessité de lutter contre les défaillances d'entreprises, la crise économique, le chômage. L'idée fondamentale pour notre propos, qui fut avancée à l'époque, était qu'un grand nombre d'entreprises en difficulté auraient pu échapper à leur sort funeste si elles avaient pu voir venir ces difficultés suffisamment tôt pour pouvoir réagir alors qu'il en était encore temps. Le raisonnement que l'on peut faire est en effet très simple : c'est l'absence de prévisions, et en particulier l'absence de prévisions budgétaires, qui empêche l'entreprise d'anticiper les difficultés.

L'entreprise qui ne dispose pas d'un système de gestion budgétaire peut être comparée à un aveugle incapable d'apprécier les obstacles. Quand une entreprise est en difficulté, par exemple quand elle se trouve en état de cessation de paiement, il est déjà trop tard pour faire quoi que ce soit. Mais s'il est difficile de guérir, il est possible de prévenir. Il faut donc inciter les entreprises à mettre en œuvre une gestion prévisionnelle pour pouvoir prévenir les difficultés.

Dans cette perspective, la gestion budgétaire apparaît comme un moyen de prophylaxie permettant de prévenir les défaillances et donc de sauvegarder l'emploi. Ces idées ont commencé à être mises en pratique par le biais de l'un des textes de lois consacrés à la réforme du droit de la faillite par Robert Badinter, alors garde des Sceaux.

À SAVOIR

La loi du 1er mars 1984 relative à la prévention et au règlement des difficultés des entreprises, dans son article 4, introduit dans notre droit positif le principe d'une obligation en matière de gestion prévisionnelle. Dans certaines

•••

•••
conditions, les entreprises d'une certaine taille sont dorénavant obligées d'établir certains documents prévisionnels : un compte de résultat prévisionnel et un plan de financement, et de les communiquer notamment aux commissaires aux comptes, au conseil d'administration et au comité d'entreprise. Ce dispositif est appelé à jouer un rôle déterminant dans la procédure d'alerte destinée à prévenir les difficultés.

Il y a donc maintenant une obligation légale d'établir des comptes prévisionnels, et on peut prévoir que l'évolution se fera vraisemblablement dans le sens d'un élargissement de cette obligation, de sorte que l'on peut parler d'une véritable institutionnalisation de la gestion budgétaire qui permet d'obtenir les documents prévisionnels de synthèse.

❭ Notons aussi que, dans les faits, les entreprises sont également obligées d'établir certaines prévisions : les banquiers, par exemple, sont souvent en mesure d'exiger de leurs clients la production d'un budget de trésorerie comme condition préalable à un soutien financier.

L'établissement des prévisions budgétaires et des comptes prévisionnels apparaît donc en fait de plus en plus comme une véritable obligation pour les entreprises, qui doivent donc investir dans la conception du système d'information permettant de satisfaire à cette obligation.

4. Première approche de la démarche budgétaire et plan de l'ouvrage

L'établissement des budgets suppose un ensemble de procédures mettant en relation les différents services de l'entreprise et s'inscrivant généralement dans le cadre d'un cycle annuel (chapitre 1).

Nous envisagerons dans cet ouvrage le cas d'une entreprise industrielle qui achète des matières premières, fabrique des produits et les commercialise. Cela entraîne une approche « fonctionnelle » de l'établissement des budgets. En général, la démarche budgétaire a pour point de départ la prévision des ventes et l'établissement du budget commercial (chapitre 2) ; puis il est nécessaire de « remonter vers l'amont » du processus en passant à l'établissement du budget de production (chapitre 3), ensuite du budget des achats (chapitre 4). Bien évidemment, qui peut le plus peut le moins, et l'établissement, par exemple, du budget d'une entreprise uniquement commerciale peut être considéré comme un cas particulier plus simple puisque ne comportant pas de phase de production.

Parallèlement, il peut être nécessaire d'envisager un programme d'investissement et donc d'établir des prévisions de financement (chapitre 5).

Il est également nécessaire d'établir un budget de trésorerie pour s'assurer de la « faisabilité » de l'ensemble des opérations projetées. On dispose alors de tous les éléments pour établir les documents prévisionnels de synthèse que sont le compte de résultats et le bilan prévisionnel (chapitre 6).

Enfin, nous terminerons par une approche plus contingente, en déclinant la mise en œuvre du budget de façon typologique, en utilisant les configurations de Mintzberg, et en fonction des phases de développement du modèle de Greiner (chapitre 7).

Étude de cas 1
Société Textibel

La société Textibel fabrique des chemises et des pantalons de qualité qui sont commercialisés auprès des boutiques de mode par l'intermédiaire de représentants exclusifs.

Début septembre N, le comité de direction, élargi au contrôleur de gestion, se réunit à l'initiative de Paul Delaine, directeur général, pour un premier tour d'horizon concernant la préparation du budget N + 1. Les propos suivants sont échangés.

Paul Delaine : Bonjour à tous. J'espère que la reprise n'est pas trop difficile après notre fermeture annuelle en août, et que vous êtes en forme ! Pierre, vous avez commencé à plancher sur N + 1. Où en êtes-vous ?

Pierre Conto (contrôleur de gestion) : Comme vous le savez, le contexte économique est plutôt difficile pour nous depuis plusieurs années. Nous subissons notamment la concurrence de produits importés en provenance de pays à bas salaires, et nous constatons une tendance générale à l'effritement des ventes qui, en volume, baissent régulièrement de 3 % par an. Nous avons jusqu'ici tenu le coup grâce au professionnalisme de nos représentants, à la fidélité de nos revendeurs et à des économies sur les frais généraux. J'ai fait une projection du compte d'exploitation. Globalement, on évite le pire, mais il faut s'attendre à une nouvelle baisse de la rentabilité.

Louis Lecompte (directeur financier) : Oui, je confirme, j'ai vu le problème avec Pierre, en affinant mensuellement. Sur l'ensemble de l'année, on tiendra le coup, mais il faut prévoir un découvert de trésorerie important à partir de juin du fait de la saisonnalité de nos ventes. J'ai d'ailleurs pris les devants en en parlant avec notre banquier. Je vous rappelle par ailleurs que nous avons prévu d'importants investissements de remplacement au printemps dans l'un de nos ateliers ; je pense qu'il faudra peut-être les différer de quelques mois pour passer dans les meilleures conditions les trois mois difficiles que l'on peut prévoir.

Henri Lefébure (directeur technique) : Si c'est nécessaire, on fera avec. Mais plus on attendra, plus la maintenance sera difficile, coûteuse, et les pannes et les arrêts de production fréquents. Moi je pense que le non-renouvellement nous donne un surcoût de 5 à 10 %. Avec du matériel plus moderne, je peux m'engager sur une meilleure organisation et une amélioration de la productivité. Il faudrait chiffrer les différentes solutions et agir en conséquence.

Jean Marquet (directeur commercial) : Je crois, moi, que les prévisions de Pierre et de Louis sont très pessimistes, et qu'ils nous présentent la partie basse de la fourchette. Je vous ai proposé de faire un effort sur le budget publicitaire, qui a toujours été très faible, autour de 4 % du chiffre d'affaires, une misère ! Je vous ai aussi proposé de revoir les conditions de rémunération de nos vendeurs, en les rendant plus attractives. On n'attrape pas les mouches avec du vinaigre ! Et s'il le faut, il est peut-être temps de rajeunir notre force de vente… Un de nos représentants part en retraite l'année prochaine, et un autre, je le sais par les bruits de couloir, cherche un job dans une autre région pour suivre son épouse ayant bénéficié dans son travail (elle est responsable d'agence bancaire) d'une importante promotion l'obligeant à la mobilité. C'est le moment de renouveler et de redynamiser les troupes ! Il n'y a pas de fatalité, je pense qu'on peut redresser la barre !

Paul Delaine : Je vois, Jean, que tu es regonflé à bloc ! Pourquoi pas, si les finances le permettent, mais il n'y a pas que l'aspect commercial : nous resterons handicapés par nos coûts de production. Nous sous-traitons déjà une partie de la fabrication, notamment pour les chemises. Je pense qu'il faudra penser à aller plus loin, même si cela nous conduit à supprimer quelques emplois. Il faut voir les choses en face et raisonner stratégie à long terme, sinon nous serons morts tôt ou tard. Et comme vous le savez, la boîte ne m'appartient pas à 100 %, j'ai des comptes à rendre au conseil d'administration. Jusqu'à présent, j'ai géré le consensus, mais ça peut ne pas durer. Il faut absolument que l'on puisse présenter des comptes prévisionnels qui s'inscrivent dans une remontée de la rentabilité.

Denis Payet (directeur du personnel) : Je suis d'accord avec Paul, mais il va falloir la jouer fine avec les syndicats. On ne peut pas raconter n'importe quoi au comité d'entreprise. Si on prévoit des licenciements, il faudra théoriquement provisionner les comptes prévisionnels avec les indemnités, moi je suis pour la transparence, et négocier des compensations pour que ça passe. Sinon, je connais les gars, on risque d'aller vers un conflit grave…

Paul Delaine : Bon, je pense qu'on est au pied du mur et qu'il va falloir prendre des décisions. On se donne tout de même le temps de la réflexion, les enjeux sont trop importants. On travaille sur les hypothèses alternatives qui ont été évoquées. Pierre, tu nous chiffres tout ça, et on se retrouve prochainement. Le prochain conseil d'administration est dans trois semaines, ça nous laisse un peu de marge…

Les différentes personnes présentes à ce comité de direction ont-elles la même conception du rôle dévolu à l'établissement des budgets et des comptes prévisionnels ?

Le contrôleur de gestion et le directeur financier ont une conception déterministe de la gestion budgétaire : pour eux, le budget est une prévision que l'on peut établir, par exemple, avec des méthodes statistiques en extrapolant les tendances passées. Pour le contrôleur de gestion, l'effritement des ventes est une fatalité, il faut l'anticiper et s'adapter au mieux, par exemple en faisant des économies. Le directeur financier s'intéresse essentiellement à l'évolution prévisionnelle de la trésorerie, pour ne pas être pris de court le moment venu et risquer une défaillance. Pour caractériser les choses, on peut dire que, pour eux, l'établissement du budget est comparable à la prévision des météorologistes. Étant donné l'évolution de la situation, il faut prévoir la grosse pluie et sortir le parapluie.

À l'opposé, l'attitude du directeur commercial et du directeur technique est beaucoup plus volontariste : on peut agir dans le sens favorable en agissant sur les bons leviers, et le budget est une sorte de plaidoyer chiffré venant conforter leur approche. Le directeur commercial veut agir par le biais de la publicité et la motivation des vendeurs. Le directeur technique veut réaliser les investissements qui feront gagner en productivité et limiter les coûts de maintenance et des pannes. C'est un peu le « Yes, we can ». Le budget est un exercice de simulation et d'optimisation.

Le directeur du personnel et le directeur général ont une vision plus « politique » du budget, qui exprime un compromis acceptable entre le possible et le souhaitable entre les différentes parties prenantes (les apporteurs de capitaux, qui exigent une rentabilité minimale, et les salariés qui ne veulent pas être une simple variable d'ajustement sans compensation). Le chiffrage budgétaire permet d'expliciter les termes du compromis pour servir de base de discussion et de négociation au sein du conseil d'administration ou du comité d'entreprise. Ceci montre que l'établissement des budgets n'est pas uniquement un exercice technique et calculatoire, mais joue un rôle important en tant qu'outil de management, dans une perspective stratégique.

Chapitre 1

La procédure budgétaire

l'ESSENTIEL

Il faut faire la distinction entre plan, programme et budget. Un budget représente le chiffrage d'un programme dans le cadre d'un plan.

On distingue les budgets opérationnels (comme le budget des ventes, par exemple) et les budgets de synthèse (trésorerie, comptes prévisionnels).

La procédure budgétaire est un phénomène cyclique et itératif : à partir d'une première esquisse budgétaire, la navette budgétaire débouche sur le projet définitif.

Le budget est en général « flexible » : on établit plusieurs chiffrages, dans le cadre d'une fourchette budgétaire, avec par exemple une hypothèse pessimiste et une hypothèse optimiste.

L'objet de ce chapitre est de donner une vision globale de la procédure budgétaire, sans rentrer dans le détail des différents budgets qui seront traités dans les chapitres suivants, et en nous plaçant dans le cas le plus général et le plus démonstratif d'un point de vue pédagogique, celui d'une entreprise industrielle.

1. Plans, programmes et budgets

Il n'est pas inutile tout d'abord de préciser quelques points de vocabulaire en distinguant les plans, les programmes et les budgets.

1.1. LES PLANS

Un plan s'attache à décrire ce que devrait être l'activité d'une entité économique sur une période assez longue, en principe plusieurs années. On parlera, par exemple, d'un plan « pluriannuel » sur 3, 4 ou 5 ans. Un plan s'appuie sur des prévisions à moyen terme. Il s'exprime en termes généraux, en fixant de grandes orientations pour l'avenir. Il revêt donc un aspect plus stratégique que tactique.

❭ L'exemple type est le plan de développement pluriannuel qui prévoit les grandes opérations d'investissement et de financement pour les années à venir et qui établit des projections à moyen terme du chiffre d'affaires et du résultat.

1.2. LES PROGRAMMES

Par opposition au plan, un programme est une prévision à court terme (quelques semaines ou quelques mois, un an au maximum) précisant dans le détail, en tenant compte, par exemple, des contingences du calendrier (jours fériés…), les niveaux d'activité, les volumes de facteurs consommés, etc.

Un programme peut très bien être exprimé uniquement en unités physiques (nombre d'heures de travail, nombre de tonnes de matière première, nombre de produits fabriqués ou vendus, etc.).

❭ L'exemple type est le programme mensuel de fabrication, permettant de prévoir le plan de charge des ateliers.

1.3. LES BUDGETS

Un budget représente la traduction ou le chiffrage en unités monétaires de la mise en œuvre d'un programme. Citons, par exemple, le budget de fonctionnement d'une usine ou le budget des ventes.

Il importe donc de comprendre que, pour passer du programme d'activité au budget, il est nécessaire de procéder à des opérations de valorisation et donc de disposer d'informations non plus simplement « techniques » mais essentiellement de nature « économique » exprimant les caractéristiques de l'environnement tant interne qu'externe dans lequel vont se réaliser les opérations :

- informations internes sur la structure des coûts (coûts fixes, coûts variables), fournies par la comptabilité analytique ;

- informations externes fournies par un service d'études économiques, par exemple, concernant l'anticipation de l'évolution de certains prix (cours des matières premières, taux d'intérêt, etc.).

Notons que l'on peut parler *du* budget ou *des* budgets. En effet, *le* budget global de l'entreprise est en fait constitué par un ensemble de documents prévisionnels que l'on peut appeler *les* différents budgets correspondant par exemple aux différentes fonctions.

Parmi ces différents budgets, on distingue habituellement :

■ les budgets « fonctionnels » ou « opérationnels », qui traduisent concrètement les actions prévues dans les programmes d'activité relevant des différents services :
  - budget des ventes,
  - budget de production,
  - budget des achats,
  - budget des services « généraux » (administratifs, par exemple) ;

■ les budgets « financiers » ou « de synthèse » qui traduisent de façon globale les effets de la mise en œuvre des budgets opérationnels.

) L'exemple type est le budget de trésorerie, qui décrit les conséquences de l'ensemble des opérations sur l'évolution du solde de trésorerie. Par analogie, on peut également classer dans cette catégorie les documents prévisionnels de synthèse que sont le compte de résultat prévisionnel et le bilan prévisionnel.

Le budget est donc en fait un ensemble de documents prévisionnels. On utilise quelquefois l'expression de « liasse budgétaire », par analogie avec la « liasse fiscale » bien connue des services de comptabilité générale. Néanmoins, dans le cas de petites entreprises, le « budget prévisionnel » (bel exemple de pléonasme...) se limite très souvent au seul compte de résultat prévisionnel.

En principe, les budgets représentent des prévisions annuelles, le plus souvent mensualisées. Comme le plan est, lui, pluriannuel, le budget représente en quelque sorte le chiffrage détaillé de la mise en œuvre de la « première tranche » annuelle de ce plan.

1.4. Les ambiguïtés du vocabulaire en pratique

Dans la pratique, les termes de plan, de programme et de budget peuvent très bien être utilisés presque indifféremment : chaque entreprise possédant son propre « jargon ». Par exemple, dans de nombreuses entreprises, on parlera de « plan de trésorerie » ou de « budget sur 3 ans »... À chacun de faire l'effort de décryptage nécessaire (le problème se pose notamment pour les étudiants effectuant un stage axé sur ces questions).

2. Le cycle budgétaire annuel

La procédure budgétaire est une activité cyclique qui rythme annuellement la vie de l'entreprise. Pour beaucoup de cadres, la « période budgétaire », celle pendant laquelle on établit le budget, représente un des temps forts du calendrier.

Figure 1.1 – Le cycle budgétaire

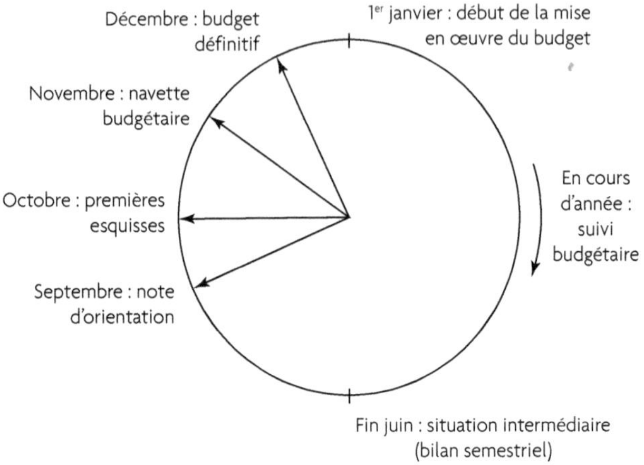

Décembre : budget définitif

1er janvier : début de la mise en œuvre du budget

Novembre : navette budgétaire

Octobre : premières esquisses

En cours d'année : suivi budgétaire

Septembre : note d'orientation

Fin juin : situation intermédiaire (bilan semestriel)

La figure 1.1 ci-dessus exprime sous la forme d'une « roue » (c'est la roue du temps...) l'enchaînement des différentes opérations formant le « scénario type » de la procédure budgétaire, pour une entreprise ayant l'année civile pour exercice comptable et budgétaire. Ce schéma n'a évidemment rien de normatif, et les choses peuvent se présenter de façon différente dans certaines entreprises.

2.1. La diffusion de la Note d'orientation générale

En septembre, la direction générale publie une Note d'orientation. Cette note est un document confidentiel de quelques pages destiné aux cadres dirigeants responsables des principales fonctions de l'entreprise. Elle définit en quelque sorte la « philosophie » de la direction pour l'année à venir, et fixe les grandes orientations en accord avec le contenu du plan stratégique, en tenant compte des infléchissements nécessaires en fonction de l'évolution de l'environnement.

Cette note est d'une importance considérable car elle permet de faire le lien entre la gestion stratégique et la gestion quotidienne de l'entreprise. Elle fixe le cadre dans lequel les différents responsables vont pouvoir situer leur action et exercer leur autonomie de gestion en fonction du degré de délégation de responsabilité dont ils jouissent.

On trouve généralement dans cette note :

▪ une analyse de la situation économique d'ensemble ;

▪ une anticipation de la valeur de certaines variables auxquelles chaque service devra se référer pour établir ses prévisions budgétaires, si l'on veut assurer la compatibilité et l'articulation de ces différentes prévisions (tout le monde doit retenir la même valeur moyenne prévisionnelle du dollar, par exemple) ;

▪ des indications sur les grandes orientations stratégiques retenues (secteurs d'activité à développer, ou au contraire à restructurer, par exemple) ;

▪ un certain nombre d'objectifs cohérents avec les orientations stratégiques, exprimés en termes de chiffres d'affaires ou de rentabilité, qui devront ensuite être déclinés dans les différents budgets.

À SAVOIR

Il importe de comprendre que, même si, en amont, la direction générale a pu recueillir les avis des différents responsables à l'occasion d'une procédure de concertation plus ou moins participative, c'est finalement à cette direction générale que revient la responsabilité de réaliser les arbitrages et de « fixer le cap », en en assumant les conséquences.

2.2. L'ÉTABLISSEMENT DÉCENTRALISÉ DES ÉLÉMENTS DE LA « PREMIÈRE ESQUISSE » BUDGÉTAIRE

Dans le courant du mois d'octobre, en fonction des grandes orientations définies par la direction, chaque « composante » (c'est-à-dire chaque service, ou chaque département, ou chaque filiale, par exemple) est amenée à établir son propre budget. Dans un premier temps, il ne s'agit que d'un projet, d'une esquisse, pouvant faire l'objet de révisions et d'arbitrages. On parle souvent de « pré-budgets ».

Nous partons ici de l'hypothèse que l'établissement des différents budgets opérationnels ne doit pas en principe se faire de façon centralisée, mais au contraire de la manière la plus décentralisée possible. En effet, ce sont les opérationnels qui détiennent les informations commerciales ou techniques nécessaires à l'établissement des budgets. C'est le directeur commercial qui est le mieux placé pour évaluer les potentialités du marché et superviser l'établissement du budget des ventes. De la même façon, le directeur d'usine est le mieux placé pour évaluer les contraintes et établir un budget de production.

D'autre part, la décentralisation permet de conférer au budget une valeur de « quasi-contrat » jouant un rôle important au niveau de la motivation des responsables, qui seront beaucoup plus engagés par un budget qu'ils auront contribué à établir.

Il faut toutefois nuancer cette approche : en effet, le choix entre centralisation et décentralisation est largement contingent et dépend de l'activité. Plus l'activité est diversifiée avec des départements opérant « en parallèle », plus l'établissement des budgets sera décentralisé. Ainsi, dans un grand groupe diversifié à structure conglomérale, à la limite le budget global représente pour une large part la consolidation ou l'agrégation des prévisions des différentes filiales. À l'inverse, plus l'activité est intégrée verticalement et se présente « en série », plus les unités situées en amont ont besoin des prévisions des unités situées en aval pour établir leurs propres prévisions. Dans ce cas, on peut avoir intérêt à centraliser la procédure budgétaire en utilisant de véritables méthodes de planification (des méthodes matricielles, par exemple : voir le chapitre 3).

❭ Dans la pratique, la procédure budgétaire sera donc plus ou moins centralisée avec des itérations et des échanges d'informations plus ou moins complexes entre les unités, en fonction de la nature de l'activité.

2.3. L'HARMONISATION DES BUDGETS ET LA PROCÉDURE DE « NAVETTE »

Les différents budgets établis de façon décentralisée ne constituent que des esquisses qui doivent être harmonisées.

En effet, les différents responsables peuvent avoir des positions divergentes, voire conflictuelles, sur de nombreux problèmes ayant une incidence sur l'établissement des budgets. Par exemple, faut-il stocker ou bien déstocker ? Le directeur commercial, le responsable de la production et le gestionnaire de la trésorerie n'auront pas *a priori* la même approche du problème. Par ailleurs, l'addition des prévisions de dépenses des différents services ou départements peut donner une résultante incompatible avec certaines contraintes globales, notamment en matière de trésorerie ou de financement.

Il faut donc définir une procédure permettant d'harmoniser, de coordonner, de trouver des compromis, de réaliser des arbitrages. Cette procédure repose sur le principe de la navette budgétaire, qui, en général, se déroule dans le courant du mois de novembre.

L'expression, qui nous vient de l'industrie textile, est empruntée ici au vocabulaire du droit public et renvoie aux origines parlementaires de la procédure budgétaire. On sait que tout projet de loi, et en particulier la loi de finances annuelle qui explicite le budget de l'État, peut faire la navette entre l'Assemblée nationale et le Sénat pour que, par le biais des amendements, on arrive finalement à un texte acceptable. Cette procédure s'effectue selon un mouvement de va-et-vient analogue à celui de la navette du métier à tisser, d'où l'origine de l'expression. Dans l'entreprise, les projets de budget vont également faire la navette : navette entre les services périphériques chargés de leur établissement et un service central chargé spécialement du budget.

❭ Concrètement, il existe dans la plupart des entreprises de quelque importance un « service du budget » ou une « cellule budgétaire » chargée d'animer et de coordonner l'établissement des budgets. Ce service peut être rattaché à la direction financière ou au contrôle de gestion, quelquefois même à la direction générale.

Les différents budgets sont donc centralisés et étudiés de façon critique du point de vue de leur cohérence : cohérence entre eux et surtout cohérence avec les objectifs et les contraintes financières globales de l'entreprise. C'est notamment en effectuant le budget de trésorerie qui découlerait de la mise en œuvre de l'ensemble des projets que le contrôleur peut apprécier cette cohérence. Notons que cette phase du processus ne peut donc se faire que d'une manière centralisée, et non décentralisée comme pour l'établissement des budgets opérationnels.

Le contrôleur pratique alors une sorte de « mise à plat » générale de l'ensemble des projets de budget, afin de pouvoir mettre en évidence les incohérences.

Une réunion des différents responsables est alors organisée. À l'occasion de cette réunion, le contrôleur expose les problèmes en explicitant les points de divergence. Une « discussion-marchandage » doit ainsi s'instaurer.

Chaque responsable est alors prié de « revoir sa copie » en fonction des conclusions et des arbitrages réalisés au cours de la réunion. Après corrections, les nouvelles versions sont à nouveau transmises au contrôleur.
❭ En pratique, il est souvent nécessaire de répéter plusieurs fois ce processus avant d'arriver à un consensus.

Une remarque importante s'impose à ce stade : la production d'une nouvelle version chiffrée du projet suppose que l'on refasse tous les calculs, ce qui explique l'emploi fréquent d'outils informatiques tels que les tableurs pour ce genre de travail.

On voit donc que la procédure d'établissement des budgets est une procédure itérative, qui peut être représentée par la figure 1.2 ci-dessous.

Figure 1.2 – La nature itérative de la procédure budgétaire

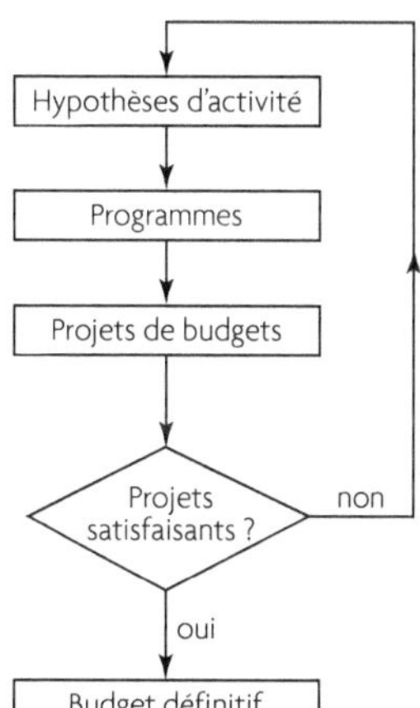

2.4. LE BUDGET DÉFINITIF

Après quelques itérations (2 ou 3, par exemple), on devrait converger vers un projet globalement acceptable parce que respectant les différentes contraintes, et satisfaisant à la fois les responsables fonctionnels et la direction générale. Notons que l'intérêt bien compris de chaque responsable est en effet d'arriver rapidement à un compromis, afin d'éviter de se voir imposer un arbitrage autoritaire de la direction pouvant être moins favorable.

On obtient ainsi le budget définitif, qui théoriquement doit être arrêté avant le début de l'exercice, c'est-à-dire en général pour fin décembre.

Ce budget définitif se concrétise souvent dans les grandes entreprises par un document de plusieurs dizaines ou même plusieurs centaines de pages, destiné à être diffusé en totalité ou en partie aux différentes personnes concernées.

2.5. LE SUIVI BUDGÉTAIRE

Ce suivi est indissociable de la gestion budgétaire.

Après l'établissement du budget définitif, on entre dans l'exercice budgétaire. Le budget est mis en œuvre et, périodiquement, en principe tous les mois, le contrôle de gestion calcule et analyse les écarts entre les prévisions budgétaires et les performances effectives enregistrées par le système comptable. La mise en œuvre de ce contrôle budgétaire suppose l'évolution des procédures de la comptabilité analytique vers la méthode des coûts standard.

Le but du contrôle budgétaire est d'organiser un système d'alerte permettant aux responsables d'être informés le plus rapidement possible d'un risque de « dérapage » par rapport aux prévisions, afin de pouvoir réagir par les mesures correctrices nécessaires.

Ce suivi budgétaire peut être complété par la production de « situations périodiques » : comptes de résultat et bilans trimestriels ou semestriels, permettant de voir si globalement on progresse bien vers les objectifs annuels. ❭ Pour les grandes entreprises cotées en bourse, ces comptes périodiques sont d'une très grande importance en matière de communication financière.

3. L'articulation des différents documents prévisionnels

Cette articulation est représentée par la figure 1.3 que nous allons commenter.

Toute démarche budgétaire s'inscrit dans un cadre plus vaste qui est la mise en œuvre de la stratégie à moyen et long terme de l'entreprise, exprimée par son plan stratégique (1).

À plus court terme, toute la mécanique budgétaire part de l'évaluation de l'évolution de l'environnement pour l'année à venir, et plus précisément de l'évolution du marché. Ce sont donc en fait les commerciaux qui ont souvent l'initiative, par le biais de l'étude du marché (2).

Figure 1.3 – L'articulation des différents budgets

La note annuelle d'orientation (3) réalise donc une synthèse entre les aspirations à long terme et les opportunités à court terme, et permet de fixer les grandes lignes des orientations budgétaires.

Ces orientations se concrétisent par le programme des ventes (4), d'où découlent le programme de production (5), puis le programme des approvisionnements (6).

Parallèlement, l'évolution de la situation peut faire naître le besoin de nouveaux investissements, par exemple pour faire face à l'accroissement programmé de la production, ou au contraire à la nécessité de restructurer si l'on anticipe une réduction du niveau d'activité, et donc de désinvestir. Les décisions correspondantes se traduisent par l'établissement ou l'actualisation du plan d'investissement (7).

À partir des programmes d'activité, on va alors pouvoir chiffrer les budgets fonctionnels : budget des services commerciaux (8), budget des unités de production (ateliers, usines...) (9), et budget des achats (10).

Les budgets des services généraux (services administratifs, par exemple) comportent essentiellement des charges fixes et ne sont donc pas, en général, considérablement modifiés d'un exercice à l'autre, à moins que certains investissements n'entraînent leur variation par paliers, où qu'on les revoie de façon critique dans le cadre d'une démarche BBZ, par exemple (11).

Parallèlement à ce cheminement caractérisant les aspects « opérationnels » de la démarche budgétaire, il faut se préoccuper également des aspects financiers : le programme d'activité détermine la variation prévisionnelle du BFR (besoin en fonds de roulement) (12), qui est un élément déterminant à prendre en considération pour établir le plan de financement (13).

Tous les éléments précédents concernant l'exploitation doivent ensuite être centralisés et regroupés par nature (au sens de la comptabilité générale) pour obtenir les ventes prévisionnels (14) et les charges prévisionnelles (15), afin de pouvoir établir le compte de résultat prévisionnel (16). La prise en compte des décalages dans le temps liés aux flux de règlements permet d'établir le budget de trésorerie (17). Une synthèse générale peut alors s'effectuer au niveau du bilan prévisionnel (18).

Cette articulation des différents documents prévisionnels est présentée ici de façon « logique ».

⟩ Or, dans la réalité, la procédure budgétaire ne peut pas suivre rigoureusement cet ordre chronologique, dans la mesure où il peut exister de nombreuses interactions ou itérations. On peut, par exemple, revoir un programme d'activité en fonction de contraintes de trésorerie, ou revoir un programme d'investissement après les résultats fournis par une simulation intermédiaire. Par ailleurs, certaines « charges » ont un rôle très actif : le budget publicitaire, par exemple, détermine en grande partie le niveau d'activité.

4. Flexibilité du budget

Nous avons vu plus haut que l'on n'établissait pas le budget de façon mécanique, d'un seul jet, mais que l'on établissait plusieurs budgets successifs, dans le cadre d'un processus itératif. De même, il est très rare que l'on ne retienne qu'une seule hypothèse concernant le niveau d'activité. En pratique, on chiffre généralement plusieurs variantes, ce qui permet de faire jouer au budget son rôle d'outil de simulation. Cela nous amène à envisager la notion de « budget flexible » dans le cadre d'une « fourchette ».

4.1. FORMALISATION DU BUDGET CONSIDÉRÉ COMME UNE FONCTION

Avec les informations fournies par la comptabilité analytique, et en particulier à partir de la décomposition des différents postes de charges en « charges fixes » et « charges variables », au sens de la méthode du *direct costing*, il est possible d'exprimer une prévision budgétaire sous la forme d'une fonction linéaire du niveau d'activité, du type :

$$B = v.N + F$$

avec :

- B = budget ;
- v = coût variable unitaire ;
- N = niveau d'activité ;
- F = frais fixes.

Cela peut se représenter de la façon suivante par la figure 1.4.

Figure 1.4 – Le budget comme fonction du niveau d'activité

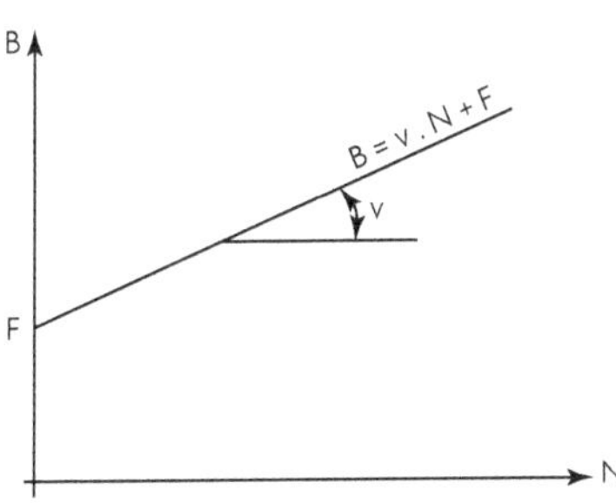

À chaque niveau prévisionnel d'activité N_0 correspond donc un chiffrage possible particulier du budget B_0, comme l'indique la figure 1.5.

Figure 1.5 – Chiffrage de l'hypothèse B_0

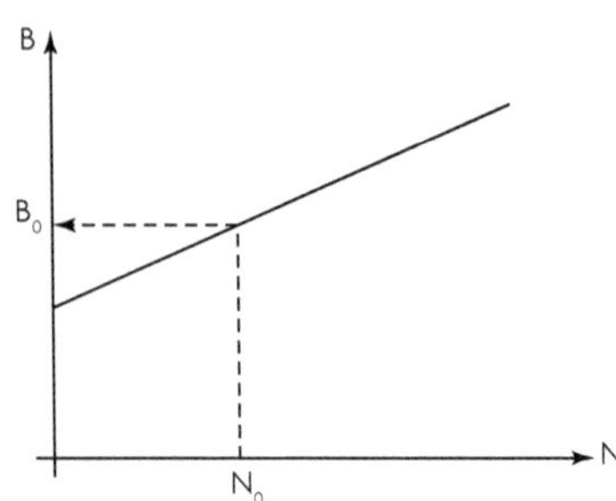

❭ La relation entre le budget et le niveau d'activité peut être plus compliquée qu'une simple fonction linéaire : cette linéarité n'est valable que pour certains intervalles bien précis, les charges fixes ou les charges variables unitaires pouvant notamment varier par paliers, du fait de l'existence de ristournes, d'heures supplémentaires, etc. Ces problèmes sont bien connus en comptabilité analytique.

On peut par ailleurs se livrer à une analyse critique du bien-fondé de certaines dépenses, et certaines charges « fixes » peuvent très bien ne pas être reconduites systématiquement. Telle est en particulier la philosophie de la méthode du « BBZ » (budget base zéro), qui propose de « repartir de zéro » chaque année pour l'évaluation du budget nécessaire.

Comme on ne peut pas chiffrer tous les points, il est d'usage de raisonner dans le cadre d'une fourchette.

4.2. LA FOURCHETTE BUDGÉTAIRE

Théoriquement, il existe une infinité d'hypothèses concernant le niveau d'activité prévisionnel et il serait donc souhaitable de pouvoir établir une infinité de budgets pour pouvoir tester toutes les éventualités.

Cela serait, bien évidemment, en pratique, très long et très coûteux, même avec le secours de l'informatique. En effet, avec le développement de l'utilisation des modèles informatisés de simulation, les gestionnaires tendent à réaliser un nombre toujours plus grand de chiffrages. Mais il faut bien se limiter et on est le plus souvent amené à raisonner dans le cadre d'une « fourchette », la fourchette budgétaire, ce qui, en pratique, se révèle le plus souvent suffisant.

On choisit pour le niveau d'activité :

- ■ une hypothèse moyenne (la plus probable) Hm ;
- ■ une hypothèse « basse » ou « pessimiste » H_b ;
- ■ une hypothèse « haute » ou « optimiste » H_h

Cela nous permet de réaliser trois chiffrages et donc d'exprimer la prévision budgétaire dans une fourchette, comme l'indique la figure 1.6.

Figure 1.6 – La fourchette budgétaire

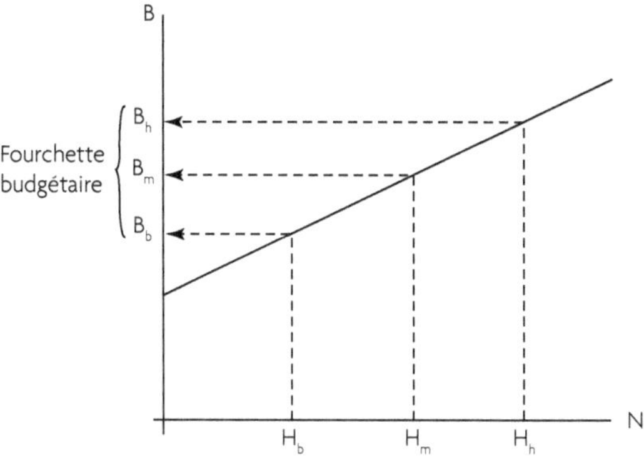

L'expérience montre que ces calculs sont souvent largement suffisants pour étudier « ce qui se passerait si », et prendre les décisions qui s'imposent.

Il est possible, bien entendu, de retenir non pas trois, mais plutôt quatre hypothèses ou davantage.

Le budget flexible est donc en fait tout simplement un budget établi dans le cadre de plusieurs hypothèses de niveau d'activité.

4.3. PRÉSENTATION EMPIRIQUE DU BUDGET FLEXIBLE

Dans la mesure où on va souvent être amené à discuter de la préparation des budgets avec des personnes n'ayant pas nécessairement des connaissances mathématiques, il est évident que l'on ne va pas parler de « fonction $y = ax + b$ » pour utiliser la notion de budget flexible. Le plus souvent, on utilisera un moyen très simple qui consiste à établir un tableau à double entrée avec les niveaux d'activité en colonnes et les éléments du budget en lignes, comme le suggère le tableau suivant :

Tableau 1.1 – Présentation en tableau d'un budget flexible

Éléments du budget	Niveau prévisionnel d'activité		
	4 000 unités	5 000 unités	6 000 unités
Frais variables :	...	...	...
—			
—			
—			
...			
Total frais variables	80 000	100 000	120 000
Frais fixes :	...	...	...
—			
—			
—			
...			
Total frais fixes	40 000	40 000	40 000
Budget total	120 000	140 000	160 000

5. Budgets discrétionnaires, BBZ et *target costing*

5.1. CHARGES DISCRÉTIONNAIRES ET « SLACK » BUDGÉTAIRE

Dans les services dont l'activité est directement opérationnelle et liée à l'évolution du marché, c'est-à-dire dans les services commerciaux ou les unités de production, par exemple, il est possible de modéliser le budget et d'établir de façon objective des coûts prévisionnels en fonction de variables telles que le volume des ventes ou le volume de production.

❭ Dans un atelier, par exemple, il y a une relation causale entre les quantités de matières premières utilisées et le nombre de produits fabriqués.

En revanche, dans un service administratif, et de façon plus générale dans tous les services que l'on peut qualifier de « généraux », il est plus difficile de mesurer la production, et de chiffrer le montant des charges nécessaires pour fonctionner correctement.

Les budgets de ces services risquent donc d'être établis de façon arbitraire, « discrétionnaire » (ils sont à la discrétion des responsables). Ils peuvent par exemple être reconduits d'une année à l'autre sans véritable analyse de l'évolution des besoins, et présentent une fâcheuse tendance à dériver de façon inflationniste, ou à être artificiellement gonflés pour se ménager du « slack » (matelas de sécurité).

Il est néanmoins possible de rationaliser et d'optimiser les dépenses correspondantes grâce à des techniques telles que l'analyse de la valeur, la démarche BBZ ou le *target costing*.

Certains services sont concernés à 100 % par ce problème : il s'agit de tous les services administratifs, souvent appelés « fonctionnels » (par opposition à « opérationnels ») ou « services d'état-major » dans les grandes entreprises ou les groupes. Les économistes parlent de services « improductifs ». Ce sont des services qui ne concourent qu'indirectement à l'activité industrielle et commerciale mais qui rendent possible cette activité. Du point de vue de la comptabilité analytique, les charges correspondantes sont le plus souvent regroupées dans des centres ou sections « auxiliaires », par opposition aux centres principaux, et sont considérées comme « fixes », et non pas variables, au sens du *direct costing*. On parle aussi, dans l'optique de l'analyse de la chaîne de valeur de Porter ou de l'approche ABC (comptabilité basée sur les activités), d'activité « de support ».

Font partie de cette catégorie, la liste n'étant nullement limitative :

- ▪ la direction et le secrétariat général ;
- ▪ les services juridiques, le contentieux ;
- ▪ les services comptables, financiers, informatiques ;
- ▪ les services du personnel, de la communication, des relations publiques ;
- ▪ etc.

Mais il faut également noter que, même dans les services opérationnels, il y a des activités, des fonctions qui relèvent de cette logique : la recherche marketing dans la fonction commerciale, la recherche-développement dans la fonction technique, etc. Ces activités sont supportées par des lignes budgétaires comportant essentiellement des charges considérées comme des charges de structure, des charges fixes, qui peuvent être décidées de façon plus ou moins discrétionnaire.

Et on peut aller plus loin : même le niveau des charges opérationnelles variables peut dépendre de choix discrétionnaires, en fonction de la politique commerciale, par exemple. On peut incorporer dans un produit un composant plus ou moins coûteux, avec des niveaux de qualité ou de fiabilité plus ou moins grande. Le coût prévisionnel, au lieu d'être déterminé, peut devenir un objectif, comme dans les démarches d'analyse de la valeur et de « coûts cibles ».

Les charges discrétionnaires sont difficiles à budgéter et à contrôler car les tâches peuvent être diverses, hétérogènes et non répétitives. Il n'est pas possible de définir des normes tayloriennes. Elles sont souvent constituées par la rémunération de personnels qualifiés ou par le coût de l'utilisation de matériels sophistiqués. Les problèmes de prestige et de pouvoir poussent souvent à une dérive inflationniste des budgets concernés, notamment dans les grandes entreprises dans lesquelles se développent des phénomènes de bureaucratisation et de constitution de « slack » budgétaire (matelas de précaution). Le slack permet d'éviter les problèmes dans la phase de contrôle budgétaire : il est moins probable qu'un écart défavorable apparaisse. Le « bon » gestionnaire est souvent celui qui a su habilement se constituer du slack en faisant entériner par exemple un budget de dépenses supérieur au strict nécessaire.

Inversement, en période de difficultés financières, la direction peut être tentée de « tailler » dans les frais généraux afin de sauvegarder la rentabilité, en « dégraissant » certains services jugés pléthoriques. Le long terme peut alors être sacrifié au court terme. Le fait, par exemple, de diminuer les effectifs de 20 % peut faire penser à la saignée des médecins de Molière, avec les effets pervers bien connus, le malade se retrouvant encore plus affaibli et risquant de « mourir guéri »...

Les procédures habituelles de budgétisation des charges discrétionnaires sont souvent insatisfaisantes. On définit habituellement une enveloppe globale à ne pas dépasser, reconduite d'année en année, augmentée éventuellement en fonction de l'inflation, ou réduite arbitrairement en période de difficultés.

Les décisions d'augmentation ou de diminution dépendent souvent d'un processus de marchandage, chaque service ayant toujours de bonnes raisons pour demander plus, avec l'arbitrage de la direction générale. D'où la nécessité d'approches plus objectives.

5.2. BBZ

La procédure BBZ (budget base zéro, ou *Zero Base Budgeting*), préconisée par certains auteurs comme Peter Pyhrr dans les années 1970, propose une attitude radicale : rien ne doit être acquis, il faut exclure par principe la reconduction d'un budget d'une année sur l'autre. Il faut recommencer à zéro chaque année pour justifier les dépenses. Le but est évidemment de lutter contre le slack budgétaire.

L'application de la procédure suppose un découpage en centres de responsabilités clairement identifiés. Chaque responsable établit chaque année des propositions budgétaires, en explicitant ses objectifs et les moyens pour les atteindre. Ces propositions font la distinction entre les dépenses jugées indispensables et les dépenses complémentaires, qui peuvent être éventuellement différées.

Un comité se réunit pour évaluer les propositions et les hiérarchiser. Peter Pyhrr propose un système de vote : chaque membre du comité attribue une note à chaque proposition, et on calcule un score global additif. Les projets les moins bien notés sont différés, ou même abandonnés.

La procédure peut être très lourde. On peut l'alléger en effectuant un « examen tournant » des budgets des différents services, sur une période de 4 ou 5 ans. Chaque année, on examine en détail, selon le critère BBZ de manière tournante, les propositions budgétaires d'une partie seulement des services, qui ensuite sont relativement tranquilles pendant quelques années.

Notons qu'une procédure de ce type est mise en œuvre dans les universités françaises pour l'habilitation des diplômes et le financement des différentes filières, pour une durée de quatre ans renouvelables.

5.3. ANALYSE DE LA VALEUR ET *TARGET COSTING*

Ce principe du « rien n'est jamais acquis » peut très bien s'appliquer, au-delà des dépenses discrétionnaires, à l'ensemble des charges de l'entreprise, avec un impératif d'amélioration continuelle, de réduction des coûts, par exemple.

Dans cette optique, les techniques d'analyse de la valeur se proposent de revoir périodiquement la structure des coûts de revient, élément par élément, pour voir s'il est possible, compte tenu entre autres de nouvelles opportunités technologiques, organisationnelles ou commerciales, d'apporter une modification entraînant une économie.

❭ Par exemple, un composant fabriqué sur mesure, et donc cher, peut être remplacé par un composant standard meilleur marché. Et plus cette analyse critique est menée en amont, près de la phase de conception, meilleures peuvent être les économies. Par exemple, un constructeur automobile va réfléchir à la standardisation de certaines pièces que l'on retrouvera dans différents modèles, et que l'on pourra donc fabriquer en séries plus longues à moindre coût.

❭ Cette démarche peut être intégrée dans la démarche budgétaire : on demandera aux ingénieurs d'avoir pour objectif, par exemple, une réduction des coûts en moyenne de 2 ou 3 % par an, afin de rester compétitifs, grâce à des améliorations continuelles. Notons que, dans les faits, cet effort est fréquemment demandé aux sous-traitants, souvent en position de faiblesse dans leurs relations de pouvoir avec les donneurs d'ordres.

La démarche peut également être systématisée dans le cadre du *target costing* (coûts cibles), qui représente un véritable renversement par rapport à la budgétisation classique. Habituellement, on considère que les coûts unitaires sont des données résultant de la technologie, que les ventes et les charges prévisionnelles sont fonction du programme d'activité, et que le résultat prévisionnel est « résiduel » : on l'obtient par différence :

résultat prévisionnel = produits prévisionnels − charges prévisionnelles.

On peut renverser la problématique en définissant un objectif de résultat :

charges prévisionnelles = produits prévisionnels − résultat prévisionnel

Le montant des charges prévisionnelles (le « coût cible ») devient un objectif à atteindre, pas une fatalité.

Pour atteindre cette cible, on part d'une analyse marketing (ce que le client est disposé à payer), on analyse le produit en différents éléments ou composants, et on détermine le coût cible de chaque composant compte tenu de son importance dans la satisfaction des différentes fonctions du produit.

En effet, quand on achète un produit ou un service, on achète en fait un « bouquet » ou un « cocktail » de fonctionnalités, ressenties de façon plus ou moins subjective par le client.

❭ Par exemple, quand on achète un vêtement, on achète à la fois des fonctionnalités basiques objectives (se vêtir pour ne pas avoir froid, une qualité plus ou moins bonne qui détermine la durée de vie de l'article), mais aussi des fonctionnalités plus subjectives, liées à la mode et à la gratification sociale.

À partir d'une matrice composants/fonctionnalités, on peut déterminer la contribution des composants aux fonctionnalités, et, selon l'importance relative des différentes fonctions, le coût cible des composants.

❭ Concrètement, pour un article mode qui ne sera porté qu'un été, il n'est pas nécessaire que l'étoffe soit de très bonne qualité pour durer 10 ans. En revanche, pour un bleu de travail, l'analyse sera évidemment différente.

Pour déterminer l'importance relative des fonctions et des composants, on peut faire une enquête en demandant aux prospects de noter sur une échelle de Likert, allant de 1 à 5, leur degré d'accord sur un ensemble de propositions concernant le produit :

- note 1 : pas du tout d'accord ;
- note 2 : plutôt pas d'accord ;
- note 3 : indifférence ;
- note 4 : plutôt d'accord ;
- note 5 : tout à fait d'accord.

❭ Par exemple : « Si j'achète cette voiture, j'accorderai beaucoup d'importance à sa qualité de freinage, et au fait qu'elle soit équipée d'un système ABS ».

❭ Par sommation des notes, on obtient un score qui, ramené en pourcentage, donne une indication sur l'importance d'une fonction sécurité plus ou moins valorisée par un segment de clientèle pour le modèle considéré. Le but est de déterminer par exemple si l'équipement sera en option ou non, ce qui a évidemment un impact sur le coût et le prix, et se répercute dans les budgets.

À **SAVOIR**

La démarche *target costing* illustre parfaitement l'approche volontariste de la budgétisation, par opposition à une approche déterministe. Au plan conceptuel et épistémologique, on peut parler d'une démarche « constructiviste » par opposition à une démarche purement « positiviste ».

Par **EXEMPLE** ____

Un parfum d'une marque connue, vendu essentiellement comme cadeau pendant les fêtes du Nouvel An, est composé, par simplification, de 2 composants : la matière première (essence de fleurs) et le flacon. Le coût de fabrication est actuellement de 55 € : 40 pour la matière première et 15 pour le flacon. Le parfum est vendu 60 € et les ventes stagnent. Une étude de marché montre que le produit est trop cher et mal positionné par rapport à des produits concurrents. Le prix devrait baisser à 55 €, mais le parfumeur voudrait conserver une marge de 5, ce qui donne un coup de production cible de 50.

Par ailleurs, l'étude montre que deux fonctions sont valorisées par les clients : la qualité intrinsèque du produit (qui doit sentir bon, c'est la moindre des choses, et être dans un conditionnement pratique…), mais aussi la valorisation subjective, liée à la notoriété de la marque, fondée sur l'utilisation de produits naturels, nobles, et pas chimiques, et à l'esthétisme du flacon. La qualité intrinsèque représente 40 % de la valeur attribuée par les clients, et la valorisation subjective 60 % (ce qui signifie que les clients accordent en fait plus d'importance à la gratification sociale qu'aux fonctions objectives du produit : le flacon trônera dans la salle de bain pour montrer aux amis de passage qu'on ne met pas n'importe quoi, mais sera peu utilisé…).

La fonction qualité intrinsèque est remplie par la matière première à 80 %, et par le flacon à 20 %. La fonction valorisation subjective est remplie par la matière à 50 %, et par le flacon à 50 %.

Les données peuvent être présentées de manière synthétique de la façon suivante :

	Qualité intrinsèque	Valorisation sociale
Coût cible de la fonction	50 × 0,4 = 20	50 × 0,6 = 30
Contribution de la matière	20 × 0,8 = 16	30 × 0,5 = 15
Contribution du flacon	20 × 0,2 = 4	30 × 0,5 = 15

La matière devrait coûter au plus 31 (16+15) et le flacon 19 (4+15).

On voit que pour atteindre ses objectifs, le parfumeur doit faire un effort de différenciation et AUGMENTER le coût du flacon (c'est-à-dire dépenser plus pour l'esthétisme, utiliser des matériaux nobles (or ou argent par exemple), etc. ; par contre, il faut comprimer le coût de la matière (utiliser des essences d'importation moins coûteuses que celles fabriquées de façon artisanale dans le midi). Il faut, en somme, mettre en cohérence la politique industrielle et la politique commerciale, ce qui influence tous les postes budgétaires.

Étude de cas 2
Société Socobif

La société Socobif, filiale d'un groupe agroalimentaire, fabrique des steaks hachés pur bœuf surgelés, destinés principalement aux cantines scolaires et restaurants d'entreprise, et conditionnés en barquettes de 40 unités de 100 grammes.
La production actuelle est de 190 000 barquettes. La comptabilité analytique pour la période N fournit les renseignements suivants :
– prix de cession d'une barquette au groupe : 25 € ;
– achats de matières premières (viande de bœuf) : 16 € par barquette ;
– autres charges variables : 5 € par barquette ;
– charges de personnel (fixes) : 300 000 € pour la main-d'œuvre ouvrière et 100 000 € pour l'encadrement ;
– amortissement du matériel : 250 000 € ;
– autres charges fixes : 80 000 €.
La direction a décidé d'établir des prévisions budgétaires pour la période N+1. On retient comme hypothèse la plus probable le maintien du niveau actuel d'activité. Néanmoins, on voudrait avoir une idée de ce que serait le résultat d'exploitation dans une fourchette allant de 180 000 à 200 000 barquettes. Par ailleurs, la direction commerciale est très optimiste et avance le chiffre de 210 000 barquettes. On décide également d'établir un chiffrage correspondant au seuil de rentabilité.

Question 1. Dans le cadre de ces hypothèses, et en supposant dans un premier temps une stricte linéarité de la fonction de coût, établissez un « budget flexible » pour la période N + 1.

Tableau de calcul des coûts et des résultats prévisionnels

Niveau d'activité	180 000	182 500[4]	190 000	200 000	210 000
Charges variables :					
– consommation de matières	2 880 000[1]	2 920 000	3 040 000	3 200 000	3 360 000
– autres charges	900 000[2]	912 500	950 000	1 000 000	1 050 000
Charges fixes :					
– salaires ouvriers	300 000	300 000	300 000	300 000	300 000
– salaires encadrement	100 000	100 000	100 000	100 000	100 000
– amortissements	250 000	250 000	250 000	250 000	250 000
– autres charges	80 000	80 000	80 000	80 000	80 000
Total des charges	4 510 000	4 562 500	4 720 000	4 930 000	5 140 000

Niveau d'activité	180 000	182 500[4]	190 000	200 000	210 000
Cessions au groupe	4 500 000[3]	4 562 500	4 750 000	5 000 000	5 250 000
Résultat prévisionnel	(–) 10 000	0	+ 30 000	+ 70 000	+ 110 000

(1) 2 880 000 = 180 000 × 16.

(2) 900 000 = 180 000 × 5.

(3) 4 500 000 = 180 000 × 25.

(4) Détermination du seuil de rentabilité : la marge sur coût variable unitaire étant 25 – (16 + 5) = 4 €, et les frais fixes globaux étant de 730 000 €, on a : 182 500 = 730 000/4.

***

En réalité, à partir d'un volume d'achats correspondant à une production de 200 000 barquettes, le fournisseur de viande (un groupement coopératif d'éleveurs du Charolais) accorde une ristourne de 10 % sur les quantités supplémentaires (au-delà des achats nécessaires pour 200 000 barquettes).

Par ailleurs, la capacité maximale de production actuelle par période de l'usine est de 195 000 barquettes. Au-delà, il faut prévoir des investissements supplémentaires induisant des amortissements supplémentaires de 50 000 € et des charges de personnels supplémentaires de 30 000 €.

Question 2. Dans ces conditions, permettant de « modéliser » un peu mieux la réalité, établissez le budget flexible.

Niveau d'activité	180 000	182 500	190 000	200 000	210 000
Charges variables :					
– coût brut des matières	2 880 000	2 920 000	3 040 000	3 200 000	3 360 000
(–) ristournes	0	0	0	0	(–) 16 000[1]
= coût net	2 880 000	2 920 000	3 040 000	3 200 000	3 344 000
– autres charges	900 000	912 500	950 000	1 000 000	1 050 000
Charges fixes :					
– salaires ouvriers	300 000	300 000	300 000	330 000	330 000[2]
– salaires encadrement	100 000	100 000	100 000	100 000	100 000
– amortissements	250 000	250 000	250 000	300 000	300 000[3]
– autres charges	80 000	80 000	80 000	80 000	80 000
Total des charges	4 510 000	4 562 500	4 720 000	5 010 000	5 204 000
Cessions au groupe	4 500 000	4 562 500	4 750 000	5 000 000	5 250 000
Résultat prévisionnel	(–) 10 000	0	+ 30 000	(–) 10 000	+ 46 000

(1) 16 000 = (210 – 200) × 1 000 × 16 × 0,10.

(2) 330 000 = 300 000 + 30 000.

(3) 300 000 = 250 000 + 50 000.

On voit que l'investissement n'est rentable que si l'augmentation de l'activité est significative.

Étude de cas **3**
Société Meditour

La société Meditour est une agence de voyages qui propose à ses clients des séjours touristiques dans les pays méditerranéens.

Son catalogue comprend notamment un séjour de 10 jours en Tunisie, permettant de concilier tourisme culturel (musée du Bardo…) et repos balnéaire dans un 5-étoiles près de Sousse.

Une étude marketing, menée en administrant un questionnaire bâti sur des échelles de Likert auprès de clients venant se renseigner sur le site internet de l'agence, a mis en évidence 3 fonctions essentielles créatrices de valeur perçues psychologiquement par ces clients, avec les importances relatives suivantes :

– 1) la qualité intrinsèque des prestations : 50 % (assurée par exemple par le standing des hôtels) ;

– 2) la sécurité : 30 % (liée par exemple au fait que le vol aérien est assuré par une grande compagnie nationale comme Air France ou Tunis Air, et non pas par une petite compagnie *low cost* inconnue pour laquelle on pourrait douter du sérieux de la maintenance des appareils) ;

– 3) la valorisation sociale : 20 % (associée par exemple à la notoriété du tour operator, dépendant de l'effort marketing qui se concrétise par la qualité graphique des catalogues et l'importance des campagnes publicitaires dans les médias. Le fait de pouvoir dire, en revenant de vacances, que l'on est parti sur telle destination avec telle agence prestigieuse connue est très valorisant pour certaines personnes qui peuvent ainsi flatter leur égo).

L'étude marketing a également montré que le prix de vente acceptable par les prospects pour ce type de prestation était au maximum de 1 000 €, ce qui, compte tenu d'un objectif de marge de 10 %, laissait entrevoir un coût cible de 900 €.

Actuellement, le coût de revient est de 950 €, que l'on peut décomposer ainsi :

Vol	330
Prestations hôtelières	390
Accompagnateurs	150
Dépenses de marketing	80
Total	950

L'étude a également montré que les différentes prestations concouraient à remplir les différentes fonctions de la manière relative suivante :

– pour la qualité intrinsèque des prestations :
  • prestations hôtelières : 40 %,
  • compétence des guides accompagnateurs : 30 %,
  • vol aérien : 30 % ;

– pour la sécurité :
  • vol aérien : 50 %,
  • professionnalisme des accompagnateurs locaux : 30 %,
  • standing des hôtels : 20 % ;
– pour la valorisation sociale :
  • marketing de l'agence source de notoriété : 50 %,
  • notoriété de la compagnie aérienne : 30 %,
  • standing des hôtels : 20 %.

Déterminez le coût cible des éléments du coût de revient, et proposez des améliorations de la politique commerciale en indiquant l'impact de ces propositions sur les décisions budgétaires.

On peut dresser la matrice « fonctions-composants du coût » suivante en pourcentages) :

Fonctions	Qualité intrinsèque	Sécurité	Valorisation sociale
Vol	30	50	30
Prestations hôtelières	40	20	20
Guides	30	30	0
Marketing	0	0	50

Le poids de chaque composant dans le coût de revient total est une moyenne de ces pourcentages, pondérés par les poids des fonctions (50 % pour la qualité intrinsèque, 30 % pour la sécurité et 20 % pour la notoriété) :
– pour le vol : $(30 \times 0,5) + (50 \times 0,3) + (30 \times 0,2) = 15 + 15 + 6 = 36$ % ;
– pour les prestations hôtelières :
  $(40 \times 0,5) + (20 \times 0,3) + (20 \times 0,2) = 20 + 6 + 4 = 30$ % ;
– pour les accompagnateurs :
  $(30 \times 0,5) + (30 \times 0,3) + (0 \times 0,2) = 15 + 9 + 0 = 24$ % ;
– pour les dépenses de marketing :
  $(0 \times 0,5) + (0 \times 0,3) + (50 \times 0,2) = 0 + 0 + 10 = 10$ %.
On vérifie que le total donne bien 100 %.
La décomposition idéale du coût devrait donc être la suivante :

Vol	$900 \times 0,36 = 324$
Prestations hôtelières	$900 \times 0,3 = 270$
Accompagnateurs	$900 \times 0,24 = 216$
Dépenses de marketing	$900 \times 0,10 = 90$
Total coût cible	900

La comparaison avec la décomposition du coût actuel donne :

	Actuel	Cible	Différence
Vol	330	324	(+) 6
Prestations hôtelières	390	270	(+) 120
Accompagnateurs	150	216	(–) 66
Dépenses de marketing	80	90	(–) 10
	950	900	(+) 50

On voit que pour le vol et les dépenses marketing, on n'est pas loin de la cible, mais que les clients sont demandeurs de plus de qualité au niveau de l'accompagnement. En revanche, les clients accordent peu d'importance au standing des hôtels. Le segment de clientèle auquel on s'adresse est plus sensible à l'aspect culturel qu'à l'aspect vacances classiques. Il faudrait par exemple embaucher des guides très qualifiés, et pas uniquement des étudiants cherchant un job de vacances, mais on peut se permettre de descendre d'une catégorie pour l'hébergement (un 4-étoiles suffira).

On comprend que ces remarques sont d'une extrême importance pour les choix budgétaires !

Chapitre 2

Les budgets commerciaux

l'ESSENTIEL

En général, la procédure budgétaire part d'une anticipation des ventes.

L'analyse des tendances du marché mène à une prévision déterministe des ventes pouvant s'appuyer sur des méthodes statistiques. Mais la gestion budgétaire des ventes comporte également un aspect volontariste, lié par exemple à la politique de prix ou à la politique d'investissement publicitaire que l'on décide d'appliquer.

Le budget des ventes a un aspect multidimensionnel (les prévisions peuvent être par produits, par périodes, par zones géographiques), ce qui nécessite l'utilisation de bases de données.

L'établissement des budgets commerciaux concerne à la fois la prévision des ventes et la prévision du coût de fonctionnement des services liés à la fonction commerciale.

Ces opérations sont en principe sous la responsabilité du directeur commercial, mais peuvent être plus ou moins décentralisées en fonction de l'organisation des réseaux commerciaux.

1. La prévision des ventes

L'établissement du programme des ventes constitue le plus souvent le point de départ de la démarche budgétaire. Le niveau prévisionnel d'activité de l'entreprise en dépend, ainsi que la plupart des charges prévisionnelles. C'est donc la phase cruciale, celle dont dépend la pertinence de l'ensemble des prévisions budgétaires. Or, toute prévision est par nature imparfaite, et l'apparente sophistication de certains modèles de prévision ne doit pas faire illusion.

❭ Dans la pratique, de nombreuses méthodes de prévisions sont utilisées, des plus empiriques jusqu'aux plus formalisées. Il n'est pas question de les traiter ici en détail ; néanmoins, il est bon d'évoquer les différentes approches possibles.

1.1. LES MÉTHODES REPOSANT SUR L'EXTRAPOLATION D'UNE TENDANCE

Une première approche consiste à partir des données statistiques passées et à extrapoler en fonction de la tendance supposée de la variable « quantités vendues », en utilisant les méthodes d'analyse des séries chronologiques.

Une telle approche suppose la prise en compte de plusieurs phénomènes :

■ l'existence d'une tendance à moyen ou long terme ou « trend ». La consommation de certains produits obéit à des mouvements de longue période engendrés par l'évolution économique et sociale. Ainsi, à long terme, les ventes de produits alimentaires de base ont tendance à baisser alors que les dépenses de transports individuels ou les dépenses de loisirs ont tendance à augmenter ;

■ l'existence de mouvements cycliques. Dans de nombreux secteurs, le bâtiment ou la chimie de base, par exemple, on observe des variations cycliques bien connues des économistes. Autour de la tendance à long terme, on observe des variations conjoncturelles accompagnant les différentes phases du cycle : expansion, crise, récession, reprise ;

■ l'existence de variations saisonnières. Les ventes d'un produit constituent souvent un phénomène périodique lié à la nature même de l'activité. Selon les cas, la période peut être journalière (exemple du trafic des transports en commun urbains), hebdomadaire (exemple des activités de loisirs pratiquées le week-end), mensuelle (exemple de certains services bancaires comme les virements de salaires), annuelle (exemple de la saison touristique dans une station balnéaire). La prise en compte de ces variations suppose l'utilisation de « coefficients de variation saisonnière » permettant, par exemple, d'établir des prévisions mensuelles à partir d'une évaluation annuelle globale du marché ;

■ l'existence de variations erratiques. Ces variations accidentelles sont considérées comme « résiduelles » ou « inexpliquées » par les méthodes statistiques. Elles peuvent être dues à une multitude d'événements difficilement prévisibles et considérés comme « exogènes » tels que grèves, phénomènes climatiques, etc. Leur prise en compte mène d'une part à écarter certaines données historiques jugées non significatives statistiquement, et d'autre part à toujours raisonner dans le cadre d'une « fourchette » budgétaire de vraisemblance, comme nous l'avons vu plus haut.

Du point de vue du traitement statistique, l'extrapolation de tendance consiste à établir de façon mathématique ou tout simplement graphique la fonction qui porte la série des données statistiques historiques jusqu'à la période N, en exploitant les données comptables ou les statistiques commerciales. Pour la tendance générale, on peut, par exemple, faire une régression linéaire ou calculer des moyennes mobiles. On peut alors en déduire la valeur prévisionnelle pour la période N + 1. La figure 2.1 explicite cette démarche.

Figure 2.1 a) – Superposition des différents mouvements

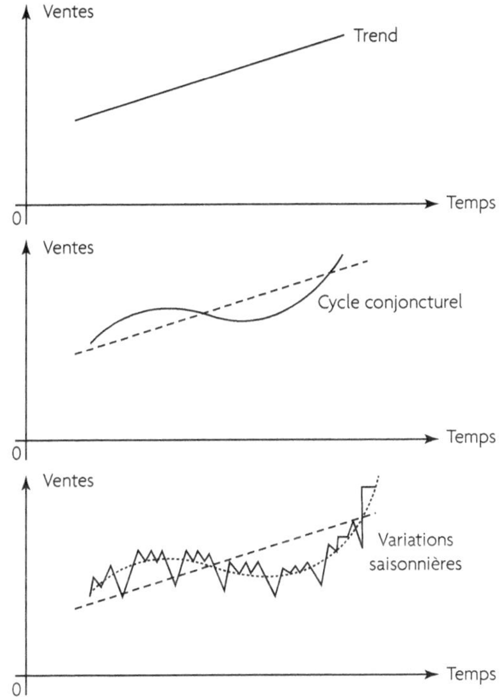

Figure 2.1 b) – Extrapolation de la tendance

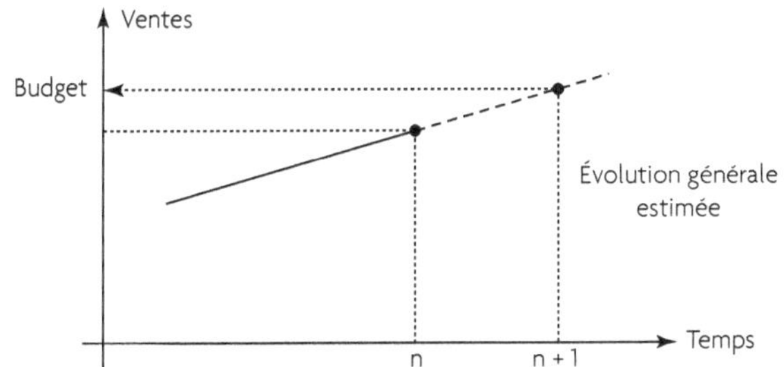

1.2. LES MÉTHODES ÉCONOMÉTRIQUES

Les méthodes économétriques reposent sur la confection d'un modèle permettant de prévoir la valeur d'une variable *y* en fonction de la valeur d'une autre variable *x* (ou de plusieurs dans les cas plus complexes). On aura :

$$y = f(x),$$

x étant considérée comme « variable explicative » et *y* étant la « variable expliquée ».

La variable explicative peut être, selon les cas :

- une variable extra-économique, comme une prévision météorologique pouvant influer sur des dépenses en vêtements ou des dépenses touristiques ;

- une grandeur macroéconomique, un agrégat tel que le PIB dont l'indice estimé par l'INSEE peut influer sur les dépenses en biens d'équipement des entreprises ;

- les ventes prévues d'un autre produit : ainsi, les prévisions des équipementiers automobiles dépendent en grande partie de celles des constructeurs.

Le choix des variables explicatives peut s'effectuer en fonction du calcul des coefficients de corrélation : plus ce coefficient est proche de 1, plus le modèle sera pertinent. La relation *f(x)* peut ensuite être établie, par exemple, par régression linéaire.

1.3. LES MÉTHODES UTILISANT L'ANALYSE « DIRECTE » DU MARCHÉ

On peut enfin évaluer l'évolution du marché, soit par une étude appropriée auprès des clients, soit en recueillant l'avis des commerciaux.

Les études de marché sont un moyen classique d'analyser les intentions d'achat des clients et d'en induire une évaluation des ventes probables. Ces enquêtes peuvent être ponctuelles ou institutionnalisées selon une procédure périodique régulière, permettant de suivre les évolutions. Certaines sociétés de services en marketing ont constitué des « panels » de consommateurs régulièrement consultés à cet effet.

On peut également centraliser les opinions de tous les collaborateurs de l'entreprise qui sont en contact direct avec le marché et qui disposent donc d'une « expertise » : les vendeurs, les représentants, les chefs de produits, etc. Ces professionnels ont toujours une connaissance précieuse de l'évolution du marché. Cette connaissance qualitative permet notamment d'anticiper ce que les méthodes quantitatives sont en général incapables de faire, à savoir anticiper les retournements de tendances liés au déroulement dans le temps du « cycle de vie » du produit.

1.4. LA PRISE EN COMPTE DU CYCLE DE VIE DU PRODUIT

Chaque produit ou service passe, en général, par un certain nombre de phases :

- conception ;
- lancement ;
- croissance ;
- maturité ;
- déclin.

La figure 2.2 représente un exemple de cycle type.

Figure 2.2 – Le cycle de vie du produit

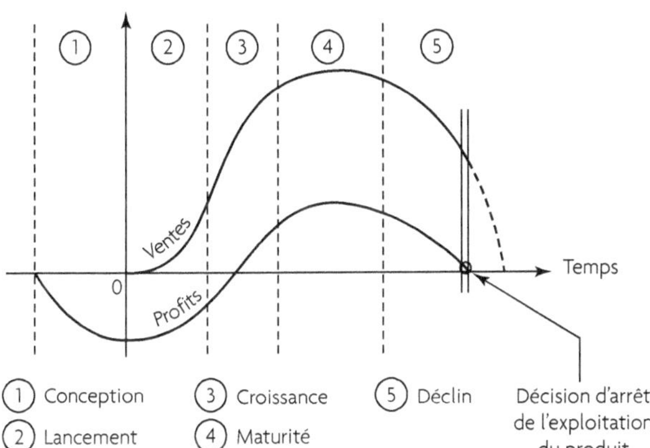

La durée totale du cycle et la durée de chaque phase dépendent en général du secteur considéré. Le cycle se déroule sur quelques mois pour un article de mode en confection, ou sur quelques années pour un modèle automobile par exemple. L'existence du cycle oblige les entreprises à planifier le renouvellement de leur catalogue, et donc à prévoir les lancements comme les retraits.

Chaque phase se caractérise par un comportement type des ventes : par exemple, taux de croissance régulier pendant la phase 3 (les professionnels diront : « le marché croît de 15 % par an »...).

Dans chaque secteur, ces phénomènes sont relativement bien connus des spécialistes du marketing, qui peuvent indiquer comment le portefeuille des produits de l'entreprise se distribue entre ces différentes phases. Ceci permet d'anticiper assez correctement les renversements de tendance probables.

❭ Par exemple, le professionnel sait que tel produit, après avoir connu une certaine période de maturité, « va commencer à décliner » plus ou moins rapidement. Par ailleurs, dans le cadre d'une stratégie d'innovation, ce déclin peut être volontairement programmé pour laisser la place aux nouveaux produits qui sortent des laboratoires.

Il est évident qu'on ne peut pas prévoir avec certitude l'évolution pour un produit donné, et qu'il y a toujours des exceptions (cas, par exemple, de la Coccinelle de Volkswagen qui a résisté pendant des décennies...). Mais pour un grand nombre de produits, on peut arriver à une prévision globale d'activité satisfaisante.

2. Le budget des ventes

Le passage du programme des ventes au budget correspondant peut sembler très simple dans la mesure où il suffit de multiplier les quantités prévues par les prix prévus. Mais dans la pratique, on rencontre deux sortes de problèmes :

■ pour pouvoir servir de base en aval à l'établissement d'autres prévisions budgétaires, le budget global des ventes doit pouvoir être éclaté en fonction de plusieurs critères, et on est confronté à un problème de multidimensionnalité des données à traiter ;

■ l'organisation des services commerciaux peut être décentralisée, ce qui entraîne la nécessité de procéder à une agrégation ou à une consolidation des prévisions.

2.1. LES PRINCIPAUX CRITÈRES D'ÉCLATEMENT DES PRÉVISIONS DES VENTES

Il faut pouvoir disposer de prévisions ventilées selon plusieurs critères :

■ *par produits* : les prévisions des ventes vont servir en aval à l'établissement des budgets de production et d'approvisionnement en matières en fonction des nomenclatures techniques. Il faut donc disposer de prévisions par produits ;

■ *par périodes* : les phénomènes de saisonnalité et le fait que les prévisions des ventes sont ensuite utilisées pour le calcul des encaissements prévisionnels lors de l'établissement du budget de trésorerie font qu'on est obligé de mensualiser le budget des ventes ;

■ *par zones commerciales* : le réseau commercial est le plus souvent découpé en zones géographiques ou par catégories de clientèles. Ces zones constituent souvent des centres de profit. Pour les nécessités du contrôle de gestion, c'est-à-dire pour être en mesure de contrôler les performances de ces différentes zones, il faut pouvoir disposer de prévisions éclatées en fonction de la structure du réseau ;

■ *par familles stratégiques de produits*, en fonction, par exemple, du taux de marge ou des types de politiques menées. Cela est d'une extrême importance pour le contrôle stratégique si l'on veut ensuite évaluer la pertinence de certains choix. Par exemple, un même produit peut être fabriqué avec des niveaux de qualité et de taux de marge différents, en petites et en plus grandes séries, pour des donneurs d'ordre pesant d'un poids économique plus ou moins grand pour l'entreprise.

Comment présenter le budget des ventes en respectant ces différents critères ? On voit tout de suite la difficulté, dans la mesure où, dans la pratique, on ne peut disposer que d'états en deux dimensions (un critère en lignes, un autre en colonnes), alors que nos données budgétaires sont multidimensionnelles. Cela nous conduit à réfléchir à la structure du système d'information nécessaire.

2.2. LE SYSTÈME D'INFORMATION MULTIDIMENSIONNEL À METTRE EN PLACE

Conceptuellement, l'établissement du budget des ventes nous fournit un excellent exemple de l'évolution des systèmes d'information comptables et budgétaires vers un certain type de configuration multidimensionnelle que l'on peut décrire brièvement.

Pour que le système de gestion puisse remplir ses multiples missions et fournir des informations pertinentes pour l'établissement à la fois des états financiers externes et des états de contrôle de gestion internes, il faut :

- intégrer les mouvements comptables traditionnels et les prévisions budgétaires dans un même système de base de données, sinon on ne peut ni automatiser les opérations de simulation ni sortir automatiquement les états de contrôle sans ressaisir plusieurs fois les informations ;

- dépasser le modèle comptable traditionnel, reposant sur la partie double, pour mettre en place un système « informatico-comptable » enregistrant dans cette base de données les différents événements de façon multidimensionnelle, sinon on est conduit à juxtaposer des systèmes parallèles qu'il est très difficile d'articuler correctement[1].

Ainsi, dans la conception traditionnelle, quand la comptabilité enregistre une facture, c'est avant tout en comptabilité générale, en débitant le compte de charge et en créditant le compte fournisseur en contrepartie. Parallèlement, on réalise l'imputation analytique et l'inscription dans un échéancier de règlement dans d'autres systèmes, et on obtient les états de contrôle budgétaire de façon extracomptable en ressaisissant les prévisions budgétaires.

---

1. Sur ce point, voir, par exemple : Dormagen J.-C. : « Comptabilité et informatique : recherche d'une synergie », *Économie et comptabilité*, n° 128, décembre 1979 ; Gensse P. : « Le renouvellement du modèle comptable : évolution ou révolution ? », *Revue française de comptabilité*, n° 139, octobre 1983 ; Dourneau J.-P. « Pertinence et amélioration du système d'information comptable dans les PMO », *Revue française de comptabilité*, n° 204, septembre 1989 ; ainsi que notre essai de synthèse : Leclère D. : « Le dépassement de la partie double : de la comptabilité matricielle à la révolution multidimensionnelle », *Cahier de recherche*, n° 9101, IAE de Bordeaux.

Dans la conception informatisée et multidimensionnelle actuelle, la facture est enregistrée une fois pour toutes dans la base de données avec plusieurs attributs :

- le « débit » traditionnel : le compte de la classe 6 concerné ;

- le « crédit » traditionnel : la contrepartie financière ;

- la destination analytique (ou « trébit ») : code du produit concerné, par exemple ;

- le poste budgétaire concerné ;

- la date d'échéance ;

- etc.

Les informations contenues dans la base de données peuvent ensuite être traitées grâce à des tris pertinents pour fournir les différents états spécifiques destinés aux différents utilisateurs internes ou externes.

Pour que cette base puisse fournir les états de contrôle budgétaire, il est nécessaire de l'alimenter à la fois avec les événements réels, relevant de la comptabilité, et avec les événements un peu particuliers que sont les prévisions budgétaires. La figure 2.3 illustre cette organisation.

Figure 2.3 – Rôle de la base de données informatico-comptable

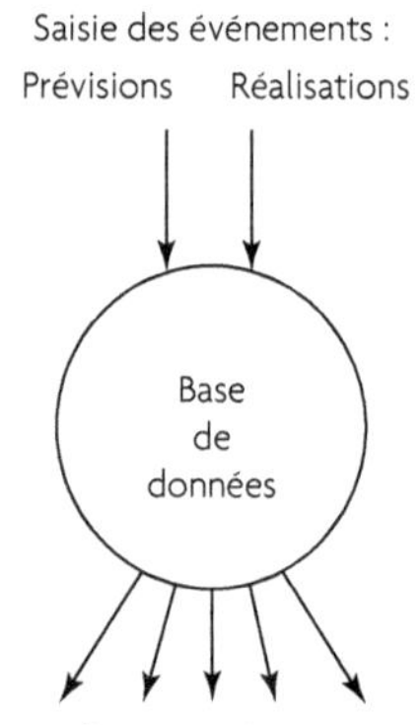

En ce qui concerne la fonction commerciale, il est donc possible d'introduire dans la base de données informatiques les prévisions budgétaires concernant les ventes en renseignant les différentes dimensions correspondant aux multiples critères évoqués plus haut : produit, période, zone, etc.

Le traitement de ces informations permettra d'obtenir en aval des états ramenés à deux dimensions nécessaires pour les étapes suivantes de la procédure budgétaire. Et si la facturation des produits vendus est ensuite comptabilisée avec les mêmes codes d'attributs, il sera très facile d'extraire de la base tous les états de contrôle budgétaire souhaités sous forme de tableaux croisant les différents critères.

2.3. Un exemple d'organisation très fréquent

Dans la pratique, en prenant en considération la structure par zones du réseau commercial, le système de collecte de l'information prévisionnelle peut être le suivant :

- chaque directeur de zone établit de manière décentralisée ses prévisions sous la forme d'un tableau croisant le critère de la période en colonnes et celui du produit en lignes. Notons que la nomenclature retenue pour les produits peut intégrer les familles stratégiques évoquées plus haut ;

- les différents budgets de zones sont alors centralisés et on procède à leur saisie. Cette saisie peut être automatisée et s'effectuer par transfert de données, par une procédure « EDI » par exemple. Les informations collectées constituent dès lors un sous-ensemble à trois dimensions de la base de données.

L'exploitation de cette base permet ensuite de produire par sommation des tableaux récapitulatifs.

❭ Par exemple, en croisant les mois et les produits, toutes zones confondues, on obtient les informations nécessaires à l'établissement du programme de fabrication. En sommant l'ensemble des informations par mois, on obtient la base de l'établissement du budget des encaissements. En croisant zones commerciales et familles stratégiques de produits, on obtient un état de la contribution de chaque zone à la mise en œuvre de la stratégie commerciale.

La figure 2.4 ci-dessous représente ce processus.

Figure 2.4 – Alimentation multidimensionnelle de la base commerciale

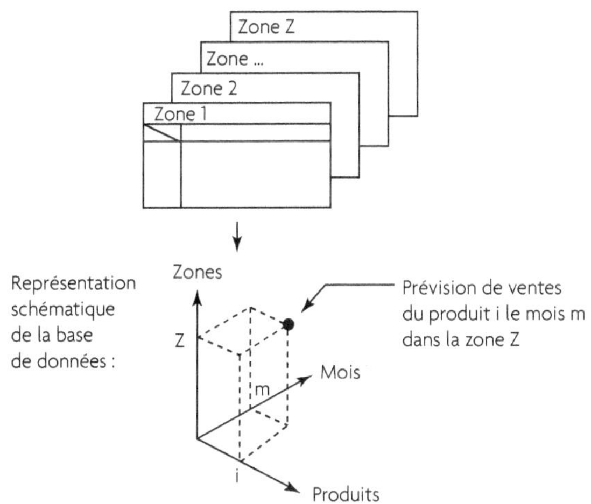

3. Le budget des frais commerciaux

L'évaluation des frais commerciaux représente un bon exemple de la linéarité et de la flexibilité des budgets évoqués dans le chapitre précédent. En effet, tout le travail de budgétisation part de la distinction entre des frais commerciaux de structure, considérés en général comme fixes et indépendants du niveau d'activité, et des frais opérationnels considérés comme variables, proportionnels au niveau d'activité.

3.1. LA DISTINCTION ENTRE LES FRAIS DE STRUCTURE ET LES FRAIS OPÉRATIONNELS

Les frais de structure sont des frais généraux concernant la direction et l'administration de la fonction commerciale.

❭ Il s'agit des salaires des cadres commerciaux et du personnel administratif ou amortissements des véhicules de livraison, par exemple.

Les frais opérationnels sont des frais directement liés à la mise en œuvre de l'action commerciale.

❭ Par exemple : commissions versées aux représentants ou frais de transports facturés par des tiers et proportionnels au niveau d'activité.

La plupart des charges de structure sont des charges indirectes fixes, et la plupart des charges opérationnelles sont des charges directes variables : on peut donc s'en tenir le plus souvent à une application élémentaire du modèle du *direct costing simple* pour budgéter les frais commerciaux, en retenant une hypothèse de fixité pour les frais de structure et une hypothèse de proportionnalité pour les frais opérationnels[1].

Encore faut-il définir les inducteurs de coûts pertinents. Or ces inducteurs peuvent être variés : nombre de produits, chiffre d'affaires, nombre de lots ou de commandes, etc. Il faut donc que le découpage analytique et budgétaire épouse convenablement les activités homogènes caractérisant le fonctionnement des services commerciaux, pour que chaque unité d'œuvre puisse servir d'inducteur. La comptabilité analytique pourra dans ces conditions fournir un coût variable de chaque unité d'œuvre pouvant être utilisée pour les projections budgétaires.

---

1. Sur le *direct costing*, voir notre ouvrage dans la même collection : D. Leclère, *L'essentiel de la comptabilité analytique*, Eyrolles, 5ᵉ édition, 2011.

3.2. LES DIFFICULTÉS D'APPLICATION

Certains postes budgétaires peuvent poser des problèmes très délicats.
❭ Par exemple, les dépenses publicitaires peuvent être considérées comme des charges fixes, dans la mesure où on décide en général d'allouer une somme donnée à ce type d'action commerciale. En revanche, comme il y a, espérons-le, une relation de causalité et donc de proportionnalité entre la dépense publicitaire et le chiffre d'affaires, on est tenté de considérer les frais de publicité comme une charge variable : on dira, par exemple, que l'on dépense 10 % du chiffre d'affaires en publicité. C'est souvent ce genre d'hypothèse simplificatrice qui est retenue dans les exercices élémentaires d'initiation.

Ce problème peut en partie se résoudre si l'on veut bien reconnaître qu'en fait certaines dépenses commerciales, et en premier lieu la publicité, constituent non pas une charge mais un véritable investissement immatériel. Seuls la tradition comptable et certains impératifs fiscaux amènent à classer les dépenses de publicité dans les charges.

Dès lors, on peut retenir les choix suivants :

■ les dépenses publicitaires d'entretien, destinées à conserver une part de marché, par exemple, peuvent être considérées comme de véritables charges. Dans ce cas, une partie peut être considérée comme variable (coût des affiches en fonction du nombre de panneaux, spots télévisés en fonction du temps d'antenne, etc.), avec bien évidemment une hypothèse de proportionnalité par rapport au chiffre d'affaires correspondant aux usages du secteur. Une autre partie peut être considérée comme fixe : salaire du responsable du service publicité, par exemple ;

■ les autres dépenses publicitaires, destinées, par exemple, au lancement d'un nouveau produit, ou à mettre en œuvre une stratégie offensive de conquête de part de marché ou d'affermissement d'une image institutionnelle, devraient en toute logique être sorties du budget commercial courant pour figurer dans le budget des investissements. C'est la seule possibilité notamment de pouvoir ensuite essayer d'analyser la rentabilité de l'investissement publicitaire et d'avoir un contrôle sur la politique commerciale.

Étude de cas **4**
Société parisienne de télémécanique

La Société parisienne de télémécanique fabrique des modules de régulation et de contrôle à distance utilisés dans les systèmes de climatisation, notamment le modèle RD 3000. Le marché est en croissance régulière et connaît une assez forte saisonnalité.

On dispose de l'historique des ventes trimestrielles en volume de ce modèle sur les trois dernières années :

Année	N − 2	N − 1	N
Trimestre 1	244	308	362
Trimestre 2	282	356	420
Trimestre 3	312	384	446
Trimestre 4	276	342	396

Question 1. Dégagez par ajustement linéaire la tendance générale de l'évolution des ventes.

La tendance générale prend la forme d'une droite de régression linéaire de type $y = ax + b$, dite « droite de trend », x étant la variable temporelle (trimestres) et y le volume des ventes.

Avec i comme indice de temps, les périodes trimestrielles sont notées $x(i)$ et les volumes $y(i)$. Le premier trimestre de l'année N–2 correspond à l'indice i = 1 ; le second trimestre de l'année N–2 correspond à i = 2 ; le premier trimestre de l'année N–1 correspond à i = 4 + 1 = 5, etc.

On peut dresser le tableau de calcul suivant :

i	x(i)	y(i)	$x(i)^2$	x(i) y(i)
1	1	244	1	244
2	2	282	4	564
3	3	312	9	936
4	4	276	16	1 104
5	5	308	25	1 540
6	6	356	36	2 136
7	7	384	49	2 688
8	8	342	64	2 736
9	9	362	81	3 258
10	10	420	100	4 200
11	11	446	121	4 906
12	12	396	144	4 752
Σ	78	4 128	650	29 064

Soit x' la moyenne des x, et y' la moyenne des y.

Nous avons :

$$x' = 78/12 = 6,5 \;;$$

$$\text{et } y' = 4\,128/12 = 344.$$

Le coefficient directeur a de la droite de trend est donné par la formule :

$$a = (\textstyle\sum x(i)\,y(i) - n\,(x'\,y'))/(\sum x(i)^2 - n\,x'^2)$$

$$a = (29\,064 - (12 \times 6,5 \times 344))/(650 - (12 \times 6,5 \times 6,5)) = 2\,232/143 = 15,608$$

Le coefficient b est donné par la formule :

$$b = y' - a\,x'$$

$$b = 344 - (15,608 \times 6,5) = 242,548$$

Finalement, la droite de trend s'écrit :

$$y = 15,608\,x + 242,548$$

Question 2. Établissez le programme trimestriel des ventes pour N + 1.

On suppose que la tendance va perdurer sur l'année N + 1, donc que le produit va rester dans la même phase du cycle de vie (phase de croissance). Si le produit devait entrer dans une phase de maturité, le taux de croissance des ventes pourrait baisser, voire devenir nul, et l'utilisation de la droite de trend pourrait mener à des prévisions budgétaires trop optimistes.

Pour chaque période i, on calcule un coefficient saisonnier $c(i)$, rapport entre la valeur historique $y(i)$ et la valeur située sur la droite de trend, notée $t(i)$.

Par exemple, pour la première valeur de l'historique $(i = 1)$, correspondant au premier trimestre N–2, nous avons :

$$t(1) = (15,608 \times 1) + 242,548 = 258,156$$

$$\text{et } c(1) = y(1)/t(1) = 244/258,156 = 0,95$$

On effectue un calcul identique pour chaque trimestre de l'historique, et on évalue le coefficient saisonnier caractéristique de chaque trimestre en faisant la moyenne sur les trois années :

Trimestre	N–(2)	N–(1)	N	Total	Moyenne
1	0,95	0,96	0,95	2,86	0,95
2	1,03	1,06	1,05	3,14	1,05
3	1,08	1,09	1,08	3,25	1,08
4	0,91	0,93	0,92	2,76	0,92

Pour obtenir les prévisions trimestrielles pour N + 1, il faut extrapoler la tendance générale en utilisant la droite de trend et utiliser les coefficients saisonniers.

Pour le premier trimestre N + 1 :

$$t(13) = (15,608 \times 13) + 242,548 = 445,452$$

$$\text{d'où } y(13) = 445,452 \times 0,95 = 423$$

De même, on trouve :

$$y(14) = ((15{,}608 \times 14) + 242{,}548) \times 1{,}05 = 484$$
$$y(15) = ((15{,}608 \times 15) + 242{,}548) \times 1{,}08 = 515$$
$$y(16) = ((15{,}608 \times 16) + 242{,}548) \times 0{,}92 = 453$$

Le programme des ventes pour N + 1 est donc :

Premier trimestre	423
Deuxième trimestre	484
Troisième trimestre	515
Quatrième trimestre	453

Étude de cas **5**
Société Lactoyop

Les laiteries Lactoyop, installées à Chambéry, fabriquent trois types de yaourts :
– yaourt ordinaire (référence « OR ») ;
– yaourt au goût bulgare (référence « GB ») ;
– yaourt au bifidus actif (référence « BF »).

Ces produits sont commercialisés dans trois régions constituant des « directions commerciales de zone » :
– région Nord-Est (« NE ») : DCZ basée à Nancy ;
– région parisienne (« RP ») : DCZ basée à Bobigny ;
– région Rhône-Alpes (« RA ») : DCZ basée à Chambéry.

Pour le premier trimestre de l'année N + 1, les directeurs de zone doivent établir leurs prévisions de ventes. Traditionnellement, on remarque un glissement du chiffre d'affaires de la région parisienne vers la région Rhône-Alpes à cause des vacances d'hiver, pendant le mois de février. Pour la zone RP, cela se traduit par les coefficients de saisonnalité suivants :
– janvier : 1,1 ;
– février : 0,8 ;
– mars : 1,1.

On précise que les volumes vendus dans cette zone pendant le premier trimestre de l'année N étaient les suivants :
– OR : 1 800 000 pots ;
– GB : 900 000 pots ;
– BF : 600 000 pots.

Pour l'année N + 1, on s'attend à une stagnation en volume des ventes de yaourt ordinaire, à une augmentation de 10 % du volume des ventes de yaourt au goût bulgare et à une augmentation de 20 % du volume des ventes du produit BF.

Question 1. Établissez le programme trimestriel des ventes de la zone RP pour N + 1, en nombre de pots.

Produits	Janvier	Février	Mars	Total
OR	(1) 660 000	480 000	660 000	1 800 000
GB	363 000	264 000	363 000	990 000
BF	264 000	(2) 192 000	264 000	720 000
Total	1 287 000	936 000	1 287 000	3 510 000

(1) Par exemple pour les ventes de OR en janvier : 660 000 = (1 800 000/3) × 1 × 1,1.
(2) 192 000 = (600 000/3) × 1,2 × 0,8.

***

La direction commerciale générale centralise au siège de la société les prévisions des différentes zones. Vous disposez des programmes de ventes établis pour les zones NE et RA (en nombre de pots) :

Programme des ventes de la zone Nord-Est

Produits	Janvier	Février	Mars	Total 1er trimestre N + 1
OR	580 000	610 000	610 000	1 800 000
GB	480 000	520 000	520 000	1 520 000
BF	420 000	440 000	440 000	1 300 000
Total	1 480 000	1 570 000	1 570 000	4 620 000

Programme des ventes de la zone Rhône-Alpes

Produits	Janvier	Février	Mars	Total 1er trimestre N + 1
OR	720 000	780 000	720 000	2 220 000
GB	610 000	640 000	610 000	1 860 000
BF	580 000	610 000	580 000	1 770 000
Total	1 910 000	2 030 000	1 910 000	5 850 000

Par ailleurs, les prix de vente unitaires sont :
– OR : 0,40 euro H.T. par pot ;
– GB : 0,50 euro H.T. par pot ;
– BF : 0,60 euro H.T. par pot.

Question 2. Établissez le budget général des ventes hors taxes, toutes zones confondues.

Calculons les volumes par produits et par mois, toutes zones confondues :

Produits	Janvier	Février	Mars
OR	RP : 660 000 NE : 580 000 RA : 720 000 Total : 1 960 000	480 000 610 000 780 000 Total : 1 870 000	660 000 610 000 720 000 Total : 1 990 000
GB	1 453 000	1 424 000	1 493 000
BF	1 264 000	1 242 000	1 284 000

(Le détail par zones n'est donné que pour le produit OR. Même principe pour les autres produits.)

Le budget des ventes est obtenu en multipliant les volumes par les prix unitaires.

Produits	Janvier	Février	Mars	Total trimestriel
OR	(1) 784 000	748 000	796 000	2 328 000
GB	726 500	712 000	746 500	2 185 000
BF	758 400	745 200	770 400	2 274 000
Total	2 268 900	2 205 200	2 312 900	6 787 000
(1) Par exemple pour OR en janvier : 784 000 = 1 960 000 × 0,4.				

***

Vous disposez des renseignements suivants concernant les frais commerciaux :
– les frais de livraison, ramenés à l'unité, sont de 5 centimes d'euro par pot pour la région Rhône-Alpes et de 7 centimes pour les deux autres zones ;
– les représentants touchent une commission de 3 % sur les ventes HT.
Les charges mensuelles de structure liées à la fonction commerciale sont :
– salaires : 300 000 € ;
– amortissements : 200 000 € ;
– autres charges : 60 000 €.
Un budget de publicité mensuel de 100 000 € est engagé régulièrement pour entretenir la notoriété de la marque.

Question 3. Établissez le budget trimestriel mensualisé des frais commerciaux.

Éléments	Janvier	Février	Mars	Total trimestriel
Charges variables :				
– frais de livraison				
RP	(1) 90 090	65 520	90 090	245 700
NE	103 600	109 900	109 900	323 400
RA	95 500	101 500	95 500	292 500
– commissions	(2) 68 067	66 156	69 387	203 610
Total charges variables	357 257	343 076	364 877	1 065 210
Charges fixes :				
– salaires	300 000	300 000	300 000	900 000
– amortissements	200 000	200 000	200 000	600 000
– autres charges	60 000	60 000	60 000	180 000
– publicité	100 000	100 000	100 000	300 000
Total charges fixes	660 000	660 000	660 000	1 980 000
Total budget	1 017 257	1 003 076	1 024 877	3 045 210
(1) 90 090 = 1 287 000 × 0,07.				
(2) 2 268 900 × 0,03				

Chapitre 3

Les budgets de production

l'ESSENTIEL

Le programme de production vise à épouser au mieux le programme des ventes, compte tenu de diverses contraintes liées aux problèmes de stockage.

Il vise également à optimiser : par exemple, si la capacité de production ne permet pas de réaliser intégralement le programme des ventes, on peut faire des choix en produisant en priorité les produits les plus rentables.

Dans les situations d'intégration verticale ou de prestations réciproques ou circulaires, on doit recourir à des méthodes matricielles.

On peut distinguer trois phases dans le processus menant à l'établissement du budget de la fonction production :

- l'établissement du programme de fabrication des produits ;
- la détermination du niveau d'activité des unités de production ;
- la budgétisation proprement dite.

1. Le programme de fabrication des produits

Le problème est de passer des prévisions de ventes au programme de fabrication.

Dans les cas simples, il peut suffire de calquer la production sur les prévisions de ventes : la production des x produits i que l'on prévoit de vendre pendant la période *m* est programmée pour cette même période, ou pour la période précédente pour tenir compte d'éventuelles contraintes de délais de livraison. Mais dans le cas général, il est impossible de procéder aussi simplement pour deux raisons :

- les ventes sont souvent irrégulières à cause des variations saisonnières. Il faut donc « découpler » la production des ventes et ajuster par une politique de stockage des produits ;

- vouloir réaliser le programme des ventes établi par les commerciaux sans tenir compte des autres contraintes peut ne pas mener à l'optimum économique : des arbitrages peuvent être nécessaires, entraînant l'abandon de certains marchés ou l'instauration de priorités dans la mise en fabrication. Les contraintes de la production peuvent ainsi induire un effet de *feedback* sur le budget des ventes.

1.1. LE COUPLAGE VENTE-PRODUCTION

Les enjeux de ce couplage sont importants et concernent à la fois la satisfaction du client en matière de délais, l'emploi des capacités de production ainsi que la structure des coûts qui en résulte.

Face à une demande aléatoire et irrégulière, le stockage permet d'introduire une possibilité d'ajustement et de flexibilité. Mais la détention d'un stock entraîne un coût financier que l'on cherche en général à minimiser. Les systèmes de gestion de la production « en flux tendus » cherchent justement à tendre le plus possible vers un objectif de « stock zéro ». Mais ce n'est pas toujours possible ni souhaitable compte tenu des risques liés à l'éventualité d'une rupture de stock.

Pour étudier la façon selon laquelle peut se réaliser le couplage vente-production, nous pouvons utiliser une typologie des situations, établie en croisant deux critères :

- le premier concerne le caractère « stockable » ou « non stockable » de la demande qui s'adresse à l'entreprise. Dans certains cas, l'entreprise peut faire patienter ses clients avant de les livrer. Dans d'autres, notamment quand le fournisseur est lié à son client par un contrat d'approvisionnement en flux tendus, c'est impossible ;

- le second concerne le caractère stockable ou non stockable du produit fabriqué lui-même. Si ce produit est techniquement et surtout économiquement stockable, l'entreprise peut anticiper la production par rapport à la demande et vendre sur stock.

Le tableau 3.1 représente la typologie obtenue. Nous obtenons quatre situations différentes.

Tableau 3.1 – Typologie des situations en fonction du caractère stockable
ou non stockable des demandes et des produits

Produits	Demande	
	Non stockable	Stockable
Non stockables	1 Aucune régulation possible	2 Régulation par la gestion du planning de mise en fabrication
Stockables	3 Régulation par le stockage ou la sous-traitance	4 Régulation par la vente sur stock avec délai

Le cas 1 correspond à une demande non stockable satisfaite par un produit également non stockable. La plupart des services rentrent dans cette catégorie. Le patient hospitalisé d'urgence après un accident doit être opéré immédiatement : on ne peut pas stocker sa demande pendant 15 jours... Dans ce cas, aucune régulation par les stocks n'est possible : il faut disposer d'une capacité de production suffisante pour faire face aux pointes d'activité, et donc accepter d'être presque constamment en surcapacité, avec les coûts que cela implique.

Le cas 2 correspond à une demande stockable satisfaite par un produit non stockable. La plupart des produits fabriqués sur mesure ou à la commande rentrent dans ce cas de figure, comme dans le secteur de l'imprimerie. Dans ce cas, il n'y aura pas de stock de produits finis, mais la régulation peut s'effectuer par la gestion du planning des mises en fabrication. En général, les travaux sont programmés dans l'ordre chronologique des prises de commande mais il faut savoir ménager un espace de souplesse afin de pouvoir traiter en priorité la commande urgente d'un client important.

Le cas 3 correspond à une demande non stockable devant être satisfaite immédiatement, mais avec des produits stockables. La plupart des biens de grande consommation entrent dans cette catégorie : le client doit pouvoir trouver sa marque préférée de bière ou de lessive, sinon il peut changer de marque... ou d'enseigne. Dans ce cas, le producteur est obligé de pratiquer une régulation par les stocks : il subit alors les contraintes financières ou de surcapacité, à moins qu'il n'adopte une politique de sous-traitance lui permettant d'externaliser le problème des périodes de pointe.

Le cas 4, enfin, correspond à la situation la plus favorable pour le producteur puisqu'il peut à la fois stocker ses produits et faire patienter ses clients. La plupart des biens d'équipement ménager ou de consommation durable entrent dans cette catégorie : le client sait qu'il ne pourra pas emporter le modèle en exposition mais qu'il sera livré dans quelques jours, voire quelques semaines. La régulation peut s'effectuer par le biais d'une vente sur stock avec un délai raisonnable de livraison. Le producteur peut alors ajuster avec souplesse, en jouant à la fois sur le stockage et sur le délai de livraison, qui peut se raccourcir en période de faible activité.

Quand le stockage des produits est possible, la méthode de programmation la plus simple consiste à écrêter pour chaque période la demande qui excède la capacité de production et à reporter cette différence sur les périodes antérieures.

Par EXEMPLE

Supposons que les prévisions mensuelles de ventes pour le premier semestre N + 1 soient les suivantes :

Janvier N + 1	70
Février	90
Mars	105
Avril	90
Mai	115
Juin	80
Total	550

On suppose, par ailleurs, que la capacité mensuelle de production est de 100 et que le stock initial est nul.

Pour programmer la fabrication, on « remonte » dans le temps en reportant les excédents :

Mois	Ventes	Excédent	Production	Stock final
J	70	70 + 0 − 100 ‹ 0 (aucun)	70	0
F	90	90 + 10 − 100 = 0	100	0 + 100 − 90 = 10
M	105	105 + 5 − 100 = 10	100	10 + 100 − 105 = 5
A	90	90 + 15 − 100 = 5	100	5 + 100 − 90 = 15
M	115	115 + 0 − 100 = 15	100	15 + 100 − 115 = 0
J	80	80 − 100 ‹ 0 (aucun)	80	
			Total 550	

Si la somme des prévisions de ventes avait été supérieure à 600, l'entreprise aurait dû augmenter sa capacité de production ou recourir à la sous-traitance.

Le programme de production peut également être modulé en fonction d'un objectif d'augmentation ou de diminution du stock.

Reprenons l'exemple précédent, en supposant un stock de départ de sécurité non plus égal à zéro, mais à 100, et jugé trop important. Supposons que l'objectif, pour des raisons financières, soit de ramener ce stock à 70 grâce à une réduction de 5 par mois. Nous aurons dans ces conditions :

Mois	Ventes	Excédent	Production	Stock final
J	70	70 − 5 − 100 < 0 (aucun)	65	100 − 5 = 95
F	90	90 − 5 − 100 = 0 (aucun)	85	95 − 5 = 90
M	105	105 − 5 − 100 = 0	100	90 + 100 − 105 = 85
A	90	90 − 5 + 10 − 100 < 0 (aucun)	95	85 + 95 − 90 = 90
M	115	115 − 5 − 100 = 10	100	90 + 100 − 115 = 75
J	80	80 − 5 − 100 < 0 (aucun)	75	75 + 75 − 80 = 70
			Total 520 (550 − 30)	

Notons que nous avons toujours la relation :

quantité produite + stock initial = quantité vendue + stock final

1.2. LA RECHERCHE D'UN OPTIMUM

Quand la production exige plusieurs étapes, par exemple un passage dans plusieurs ateliers, les contraintes de production peuvent amener le gestionnaire à faire certains choix.

Par **EXEMPLE**

On fabrique deux produits X et Y dans deux ateliers : un atelier d'usinage (U) et un atelier de montage (M).

Les temps de fabrication pour chaque produit dans chaque atelier, exprimés en heures, ainsi que les capacités maximales de production par période, sont les suivants :

Atelier	U	M
Capacité maximale de production	180	160
Temps de fabrication d'une unité de X	3	4
Temps de fabrication d'une unité de Y	3	2

Pour qu'un programme de fabrication (x,y) de x unités de X et de y unités de Y soit réalisable, il doit satisfaire au système d'inéquations suivant :

– pour U : $3x + 3y \leq 180$;
– pour M : $4x + 2y \leq 160$.

Dans l'atelier Usinage, la contrainte de production s'exprime par le fait que l'on peut fabriquer 60 produits X ou 60 produits Y, ou toute autre combinaison exprimée par la fonction :

$$y = 60 - x$$

De la même façon, dans l'atelier Montage, la contrainte de fabrication s'exprime par :

$$y = 80 - 2x$$

Le programme de production doit donc nécessairement se situer dans un « quadri-latère des contraintes », comme l'indique la figure 3.1 ci-dessous.

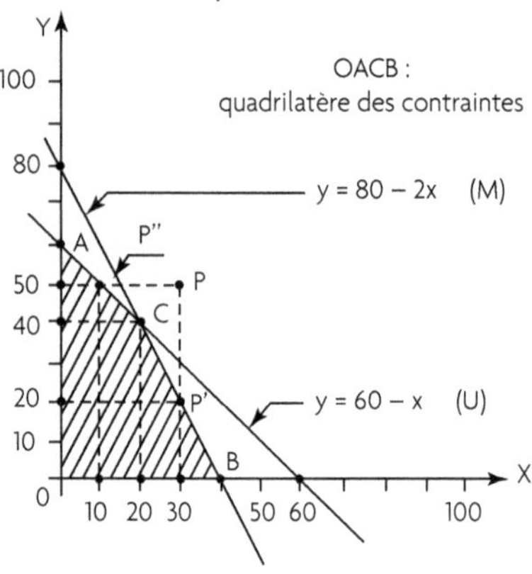

Figure 3.1 – Quadrilatère des contraintes et choix du programme de production

Supposons maintenant que la vente d'un produit X rapporte une marge unitaire m_x et que celle d'un produit Y rapporte m_y. La marge globale potentielle M est donc égale à :

$$M = m_x x + m_y y$$

Cela permet de définir une famille de droites d'isorevenu définies par la fonction :

$$y = \frac{M}{m_y} - \frac{m_x}{m_y} x$$

M est maximum si cette droite est tangente au quadrilatère des contraintes. La détermination du programme optimum dépend du coefficient directeur, donc du rapport $r = m_x/m_y$ des marges unitaires, et donne lieu à une discussion en fonction des valeurs des pentes des droites exprimant les contraintes dans les deux ateliers.

Si $r < 1$, on a intérêt à mettre en œuvre le programme représenté par le point A de la figure 3.1 et à ne fabriquer que des produits Y.

Si $r = 1$, tout programme représenté par un point du segment AC maximise la marge : il y a indétermination.

Si $1 < r < 2$, on a intérêt à retenir le programme C, c'est-à-dire à fabriquer 20 pro-duits X et 40 produits Y. Ce programme maximise la marge tout en assurant le plein emploi des capacités de production dans les deux ateliers.

Si $r = 2$, tout programme représenté par un point du segment CB maximise la marge.

Enfin, si $r > 2$, il faut choisir le point B et ne fabriquer que des produits X.

Pour reprendre notre exemple numérique, supposons que le programme des ventes établi par les services commerciaux soit : (30,50), c'est-à-dire 30 X et 50 Y. La reprise de ce programme comme programme de fabrication est impossible car le point P qui le représente est situé en dehors du quadrilatère des contraintes. Les ateliers ne disposent pas des unités d'œuvre qui seraient nécessaires, et il faut prendre une décision d'arbitrage.

Supposons que m_x = 10 € et m_y = 5 €.

Le rapport des marges est ainsi égal à 2. Il faut donc choisir un point du segment CP', P' étant le point représentant le programme (30,20).

En effet, en C la marge totale vaut :

$$M = (20 \times 10) + (40 \times 5) = 400$$

tout comme en P' où elle vaut : $(30 \times 10) + (20 \times 5) = 400$ également, alors que si on prenait le programme (10,50) en P" (c'est-à-dire x = 10 et y = 50), nous aurions :

$$M = (10 \times 10) + (50 \times 5) = 350,\ \text{qui est bien inférieur à 400.}$$

En revanche, pour m_x = 10 et m_y = 6, le rapport des marges vaut 1,66, valeur comprise entre 1 et 2 ; dans ce cas, seul le programme C est optimum. En effet, au point C nous avons M = 440, alors que, par exemple, en P' nous aurions 420 et en P" 400.

Notons que les cas limites représentés par les points A et B reviennent à maximiser la marge produite par unité de facteur rare. Si m_x = 10 et m_y = 4, on obtient r = 2,5, donc une valeur supérieure à 2 ; la contrainte la plus forte s'exerce au niveau de l'atelier M et il faut se situer en B pour optimiser. En fabriquant des produits X, on obtient une marge égale à 160/4 × 10 = 400, alors qu'en fabriquant des Y nous ne pourrions obtenir qu'une marge de 160/2 × 4 = 320.

À partir de ces considérations, il est évident qu'un arbitrage doit être réalisé par la direction. En fonction des contraintes de fabrication, doit-on donner satisfaction en priorité aux clients du produit X ou à ceux du produit Y? Faut-il accepter un autre programme que C, c'est-à-dire accepter plus de sous-emploi pour plus de marge ? En fonction des décisions prises, il faudra revoir le budget des ventes, et éventuellement le budget des investissements.

Cet exemple simple, développé avec deux produits et deux ateliers, permet une représentation graphique et une discussion mathématique de la solution. Mais dans le cas général, les choses sont plus complexes puisqu'il y a de nombreux produits et de nombreux ateliers. Il est alors nécessaire de généraliser l'analyse à « n » dimensions : c'est l'objet des méthodes de programmation linéaire de la recherche opérationnelle.

2. La détermination du niveau d'activité des unités de production

C'est le problème de la fixation du « plan de charge » des différents ateliers ou unités de production, qui revient à déterminer le nombre prévisionnel d'unités d'œuvre dans ces centres d'activité en fonction du programme de production. Pour ce faire, il faut, dans chaque atelier, déterminer l'activité induite par la fabrication de chaque produit, puis effectuer la sommation.

Nous désignerons par « centres d'activité » les différentes unités dans lesquelles s'effectue la production : ateliers, par exemple.

D'un point de vue comptable, ces unités correspondent en général aux « centres d'analyse » de la comptabilité analytique. Chaque centre doit être caractérisé par une activité homogène pouvant être mesurée par une « unité d'œuvre » pouvant servir d'inducteur de coût, comme l'heure-machine.

Pour que le processus de production puisse s'accomplir, il faut que les produits « passent » par les différents centres, comme l'indique la figure 3.2.

Figure 3.2 – Représentation du processus de fabrication

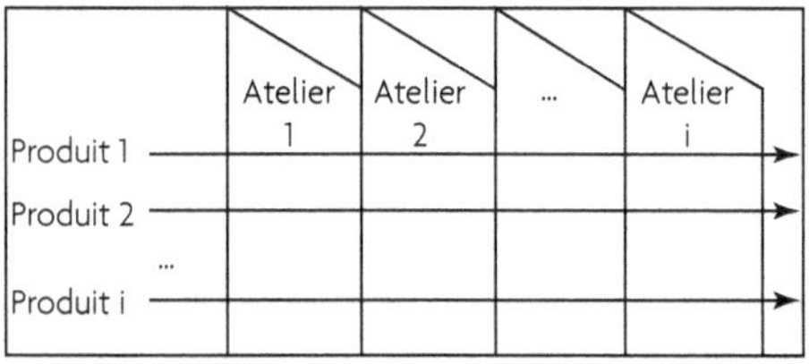

	Atelier 1	Atelier 2	...	Atelier i	
Produit 1					→
Produit 2					→
... Produit i					→

La fabrication de chaque unité du produit i à l'occasion du passage dans l'atelier j nécessite une certaine consommation de ressources mesurée par le nombre d'unités d'œuvre nécessaires : x_{ij}. Ces normes techniques de fabrication représentent, par exemple, les gammes d'usinage. Leur utilisation permet de chiffrer le niveau prévisionnel d'activité de chaque centre en fonction du programme de fabrication.

© Groupe Eyrolles

Par EXEMPLE

La fabrication d'une unité du produit P1 nécessite 1 heure de travail dans l'atelier A1 et 2 heures dans l'atelier A2, alors que celle d'une unité du produit P2 nécessite 2 heures dans A1 et 3 heures dans A2.

•••

Les normes techniques sont donc ici :

	Dans A1	Dans A2
Pour P1	1	2
Pour P2	2	3

Le programme de fabrication prévoit la fabrication de 10 produits P1 et de 20 produits P2. Un tel programme nécessite les niveaux d'activité suivants (en heures) :

	Dans A1	Dans A2
Pour fabriquer 10 P1	10 × 1 = 10	10 × 2 = 20
Pour fabriquer 20 P2	20 × 2 = 40	20 × 3 = 60
Activité prévisionnelle	50	80

Il faudra donc prévoir de faire fonctionner l'atelier A1 pendant 50 heures et l'atelier A2 pendant 80 heures pour réaliser le programme de fabrication.

Plus généralement, si la fabrication d'une unité du produit i nécessite la « consommation » de x_{ij} unités d'œuvre dans le centre d'activité j, et si on veut fabriquer n_i produits i, le programme d'activité X_j dans le centre j est :

$$X_j = \sum n_i \cdot x_{ij}$$

À SAVOIR

3. La budgétisation des charges de production

Le chiffrage du budget de fonctionnement des différents centres s'effectue sur la base du nombre prévisionnel d'unités d'œuvre et en utilisant la notion de budget flexible. Chaque composante du budget de production comporte en général :

■ une partie fixe, indépendante du niveau prévisionnel d'activité (salaire mensuel d'un chef d'atelier ou d'un contremaître, par exemple) ;

■ une partie variable, dépendant linéairement du niveau d'activité. Cette partie variable ne peut être estimée que si l'unité d'œuvre retenue constitue un inducteur de coût pertinent ; elle dépend alors du « coût variable de l'unité d'œuvre » déterminé par la comptabilité analytique.

En appelant c_j le coût variable de l'unité d'œuvre dans le centre d'activité j, et en reprenant le niveau d'activité X_j évoqué dans le paragraphe précédent, nous aurons comme budget de production B_j pour ce centre j :

$$B_j = \text{partie fixe} + \text{partie variable} = FF + X_j \cdot c_j$$

Par EXEMPLE

Reprenons notre exemple numérique introduit dans le paragraphe précédent. La comptabilité analytique fournit les éléments de coûts suivants :

Charges par période	Atelier A1	Atelier A2
Charges fixes	10 000	20 000
Charges variables pour une heure de fonctionnement	100	50

Le programme d'activité entraîne les coûts prévisionnels suivants :
– pour A1 : 10 000 + (50 × 100) = 15 000 ;
– pour A2 : 20 000 + (80 × 50) = 24 000 ;
– budget global de production : 39 000.

Notons l'impact que le type d'activité dans les différents services impliqués dans la production peut avoir sur la budgétisation.

Pour les services exerçant une tâche de réalisation effective de la production, la relation linéaire en fonction du niveau d'activité s'applique pleinement : pour la plupart des « centres principaux de production » de la comptabilité analytique, on peut, en général, retenir un inducteur volumique de coût simple comme l'heure de main-d'œuvre, l'heure-machine ou même le nombre de produits fabriqués.

En revanche, pour les services liés à une fonction de préparation ou de programmation de la production (études, méthodes, ordonnancement…), ou à une fonction de contrôle (contrôle qualité, par exemple), le budget peut comporter une masse importante de charges de structure dépendant plus du niveau de qualité attendu que du volume d'activité, ou bien des charges variables dépendant d'inducteurs spécifiques non volumiques.

4. Le cas particulier de l'intégration verticale des activités

La distinction entre ressources consommées (matières premières...) et produits fabriqués est parfois délicate, notamment quand l'activité industrielle est intégrée verticalement et qu'une partie des produits intermédiaires est revendue en l'état à l'extérieur. Dans ce cas, il y a des prévisions de vente aux différents stades et il n'y a aucune raison pour que les différentes unités de production enregistrent la même variation de leur niveau d'activité d'une période à l'autre.

Il faut alors établir les prévisions de production de proche en proche, en partant de l'unité située le plus en aval du processus et en remontant progressivement vers l'amont, en calculant pour chaque étape un coefficient de variation du niveau d'activité.

Pour effectuer ces calculs prévisionnels, la méthode la plus efficace consiste à utiliser un TES, c'est-à-dire un tableau matriciel entrées-sorties.

Par **EXEMPLE**

Nous prenons ici l'exemple d'une entreprise du secteur de la sidérurgie intégrée verticalement et organisée en trois centres d'activité constituant également des centres de résultat :

– une mine M, qui fournit un minerai ;

– une fonderie F, qui fournit des lingots ;

– un laminoir L, qui fournit des tôles.

Une partie du minerai est vendue à l'extérieur, l'autre fait l'objet d'une facturation interne au prix du marché à la fonderie. De même, une partie des lingots est facturée au laminoir. La figure 3.3 représente un tel processus de production.

Figure 3.3 – Représentation d'un processus de production intégré verticalement

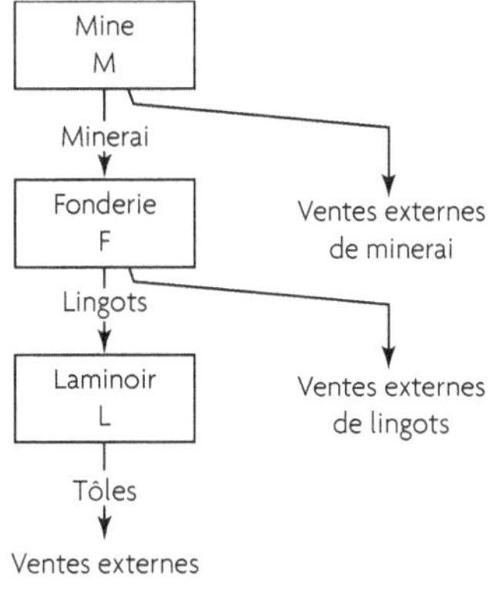

Pour la période N, les données concernant l'exploitation des trois centres d'activité, très simplifiées, peuvent se résumer ainsi (en milliers d'euros) :

Données comptables	M	F	L
Ventes externes	200	400	2 800
Ventes internes	600	1 600	–
Achats internes de minerai	–	600	–
Achats internes de lingots	–	–	1 600
Frais variables	400	500	600
Frais fixes	300	700	500
Résultat	100	200	100

Pour la période N + 1, on prévoit une augmentation de 50 % des ventes externes de tôles, une augmentation de 10 % des ventes externes de lingots et une diminution de 5 % des ventes externes de minerai.

Pour établir les comptes prévisionnels, nous nous proposons d'utiliser le modèle matriciel entrées-sorties et la méthode « de proche en proche ».

Dans une première étape, nous intégrons toutes les données comptables de la période N dans un tableau entrées-sorties. La structure de ce tableau est analogue à celle des tableaux d'échanges interindustriels de la comptabilité nationale utilisés pour la planification macroéconomique et dus aux travaux de Leontieff. Pour chaque sous-système, c'est-à-dire ici pour chaque centre d'activité, on porte les ressources en colonnes et les emplois en lignes. On obtient par sommation le compte de résultat global de l'entreprise, comme l'indique le tableau 3.2.

Tableau 3.2 – TES pour la période N

Ressources \ Emplois	M	F	L	Total ventes internes	Ventes externes	Total emplois
M	0	600	0	600	200	800
F	0	0	1 600	1 600	400	2 000
L	0	0	0	0	2 800	2 800
Total achats internes	0	600	1 600	2 200	**3 400**	5 600
Frais variables	400	500	600	**1 500**		
Frais fixes	300	700	500	**1 500**	Éléments du compte de résultat global
Résultats	100	200	100	**400**	
Total ressources	800	2 000	2 800	5 600	

La structure du tableau va guider les calculs de proche en proche permettant d'établir les budgets de chaque centre, puis, par sommation, le compte de résultat prévisionnel de l'entreprise.

On commence par le sous-système situé le plus en aval du processus, ici le laminoir L. Par hypothèse, l'activité augmente de 50 % : les ventes externes passent donc à 2 800 × 1,5 = 4 200. Tous les éléments variables de la colonne L doivent donc être multipliés par un « coefficient de variation d'activité » de 1,5, en particulier les achats internes de lingots à F qui passent à 1 600 × 1,5 = 2 400.

On effectue alors le bilan des besoins en lingots dans la ligne F : les ventes internes seront de 2 400, alors que les ventes externes, compte tenu de l'hypothèse de variation exogène de 10 %, seront de 400 × 1,1 = 440 ; soit en tout 2 400 + 440 = 2 840. Le coefficient de variation d'activité de la fonderie sera donc de :

$$\frac{2\ 840}{2\ 000} = 1,42$$

L'application de ce coefficient permet de faire jouer la linéarité des éléments variables dans la colonne F, et de calculer les achats internes de minerai qui seront de : 600 × 1,42 = 852. On peut ensuite répéter la procédure pour calculer le coefficient de variation de M, qui est 1,3025, et terminer de remplir le TES prévisionnel, qui est présenté dans le tableau 3.3 suivant.

Tableau 3.3 – TES prévisionnel pour N + 1

Emplois Ressources	M	F	L	Total ventes internes	Ventes externes	Total emplois
M	0	852	0	852	190	1 042
F	0	0	2 400	2 400	440	2 840
L	0	0	0	0	4 200	4 200
Total achats internes	0	852	2 400	3 252	**4 830**	8 082
Frais variables	521	710	900	**2 131**		
Frais fixes	300	700	500	**1 500**	Éléments du compte
Résultats	221	578	400	**1 199**	de résultat prévisionnel
Total ressources	1 042	2 840	4 200	8 082		

↑   ↑   ↑
× 1,3025   × 1,42   × 1,5

Le résultat prévisionnel global est de 1 199. Les informations contenues dans la colonne et la ligne de chaque sous-système constituent le budget du centre d'activité correspondant.

L'intérêt de cette méthode « de proche en proche » est d'être itérative, et donc de pouvoir être facilement informatisée.

5. Le cas particulier des prestations réciproques entre centres d'activité

Ce problème des prestations réciproques ou circulaires se pose dans les mêmes termes qu'en comptabilité analytique. Quand de telles prestations existent, on est obligé de résoudre un système d'équations pour calculer les coûts des unités d'œuvre.

De la même façon, en gestion budgétaire on est amené à utiliser des méthodes mathématiques pour déterminer les niveaux d'activité et les coûts prévisionnels des différents centres.

En prenant comme inconnues les niveaux d'activité des différents centres exprimés en nombre d'unités d'œuvre, ou directement en euros, on peut poser le système en exprimant pour chaque centre l'égalité des ressources et des emplois prévisionnels.

Dans le cas général, il faut recourir au calcul matriciel. En effet, pour chaque centre d'activité j, le niveau de production P_j doit satisfaire à la fois aux besoins externes V_j (ventes de produits, par exemple), et aux besoins internes F_j des autres centres :

$$P_j = V_j + F_j$$

Matriciellement :

$$[P] = [V] + [F]$$

Or, $[F]$ dépend de $[P]$ et de la matrice $[M]$ regroupant les coefficients techniques caractérisant le processus de production :

$$[F] = [M] \times [P]$$

On en déduit que :

$$[P] = [V] + [M] \times [P]$$

et que :

$$[P] = [I - M]^{-1} \times [V]$$

(où $[I]$ désigne la matrice unitaire).

Cette formule, dite « des inverses », fournit une solution générale aux problèmes de planification et de gestion prévisionnelle des niveaux de production ainsi que des coûts qui leur sont liés linéairement. Elle peut être enrichie, notamment pour prendre en compte les variations de stock. À ce sujet, on pourra se référer à notre article écrit en collaboration avec Jean-Pierre Dourneau[1].

Pour plus de détails sur ces méthodes matricielles, nous renvoyons le lecteur à notre ouvrage écrit en collaboration avec Jean-Guy Degos[2].

---

1. Jean-Pierre Dourneau et Didier Leclère : « Variation des stocks et prévision matricielle des niveaux d'activité », *Revue techniques économiques*, n° 128, novembre 1981.
2. Jean-Guy Degos et Didier Leclère : *Méthodes matricielles de gestion comptable approfondie*, Éditions Eyrolles, 1990.

Étude de cas **6**
Société Rainbow

La société Rainbow produit par assemblage et commercialise deux types de parapluies de luxe : des modèles classiques et des modèles télescopiques. Les différents éléments de la nomenclature sont fabriqués à l'extérieur par des sous-traitants, à l'exclusion des manches qui sont fabriqués en interne. Le temps de travail hebdomadaire est de 35 heures.

Le tableau suivant indique les rendements horaires dans les deux ateliers de l'entreprise (fabrication des manches et assemblage), par types de produits.

	Atelier Fabrication	Atelier Assemblage
Modèles classiques	30	25
Modèles télescopiques	15	25

Les charges variables unitaires de fabrication et les prix de vente unitaires hors-taxes sont les suivants (en euros) :

	Modèles classiques	Modèles télescopiques
Prix de vente	40	60
Charges variables fabrication	8	15
Charges variables assemblage	12	15

Le marché du parapluie est très porteur et une étude montre qu'il est possible de vendre en moyenne 3 600 modèles classiques et 1 200 modèles télescopiques par mois. On retient, par simplification, qu'un mois fait 4 semaines.

Question 1. Peut-on établir un programme de production hebdomadaire répondant à ces prévisions commerciales ?

Non, car ce programme (3 600, 1 200) par mois, soit (900, 300) par semaine, est en dehors du périmètre des contraintes : le temps de travail disponible (35 heures par semaine par hypothèse) est insuffisant pour le réaliser.

En effet, pour fabriquer 900 modèles classiques et 300 modèles télescopiques, il faudrait, par semaine :

– dans l'atelier fabrication : (900/30) + (300/15) = 30 + 20 = 50 heures ;
– dans l'atelier assemblage : (900/25) + (300/25) = 36 + 12 = 48 heures.

Question 2. Si les contraintes de production sont trop fortes, doit-on chercher à saturer en priorité le marché des modèles classiques, ou celui des modèles télescopiques ?

Calculons, dans chaque atelier, le nombre maximal de parapluies de chaque type qu'il est possible de produire par semaine (en supposant qu'on ne produise aucun parapluie de l'autre type).

	Fabrication	Assemblage
Modèles classiques	35 × 30 = 1 050	35 × 25 = 875
Modèles télescopiques	35 × 15 = 525	35 × 25 = 875

Par ailleurs, les marges sur coûts variables unitaires générées par la vente d'un parapluie sont respectivement :
– 40 - (8 + 12) = 20 € pour un modèle classique ; et
– 60 - (15 + 15) = 30 € pour un modèle télescopique.
Il faut retenir comme critère de maximiser la marge globale.
On voit qu'il n'est pas possible de fabriquer 900 modèles classiques : la contrainte est de 875 au plus dans l'atelier d'assemblage. Donc, si l'on veut fabriquer le plus grand nombre possible de modèles classiques, le programme de production sera (875, 0), et on peut espérer réaliser une marge globale de :

$$(875 \times 20) + 0 = 17\ 500\ €.$$

En revanche, il est tout à fait possible de fabriquer 300 modèles télescopiques, aussi bien dans l'atelier Fabrication (maximum 525) que dans l'atelier Assemblage (maximum 875).
La contrainte la plus forte est alors dans l'atelier Fabrication (300 < 525 < 875), et la fabrication de 300 manches télescopiques laisse 35 – (300/15) = 15 heures disponibles pour fabriquer des manches de parapluies classiques, soit 15 × 30 = 450 parapluies classiques.
Le programme de fabrication est alors (450, 300), ce qui génère potentiellement une marge de :

$$(450 \times 20) + (300 \times 30) = 9\ 000 + 9\ 000 = 18\ 000\ €.$$

Il vaut donc mieux choisir cette solution (puisque 18 000 > 17 500).

Question 3. Quel est le programme d'activité réalisant l'optimum technique, c'est-à-dire assurant le plein emploi dans les deux ateliers ?

Nous avons une contrainte de capacité pour chaque atelier. Si on note C et T les quantités fabriquées par semaine, respectivement, de parapluies classiques et de parapluies télescopiques, ces contraintes s'écrivent :
– pour la fabrication : 35 = C/30 + T/15, d'où T = 525 – C/2 ;
– pour l'assemblage : 35 = C/25 + T/25, d'où T = 875 – C.
L'optimum technique est obtenu quand :

$$T = 525 – C/2 = 875 – C$$
$$C – C/2 = 875 – 525$$
$$C = 350 \times 2 = 700$$
$$d'où\ T = 875 – 700 = 175$$

L'optimum technique correspond au programme (700, 175).

Question 4. Cet optimum de plein emploi coïncide-t-il avec l'optimum économique, qui correspond au maximum de marge possible ?

Oui, car nous sommes dans le cas de figure où le rapport des marges unitaires (20/30 = 2/3) est une valeur comprise entre celles définissant les coefficients directeurs des droites du périmètre des contraintes :

$$- 1/2 > - 2/3 > - 1$$

Le niveau potentiel de marge est alors :

$$(700 \times 20) + (175 \times 30) = 1\ 400 + 5\ 250 = 19\ 250\ €.$$

Étude de cas **7**

Société Super Petroleum France[1]

La société Super Petroleum France est la filiale du groupe pétrolier américano-hollandais bien connu.

Du point de vue comptable, la société est découpée en quatre centres d'analyse :

– centre « Approvisionnement » : cette activité consiste à acheter de l'essence à la filiale de raffinage du groupe et à l'acheminer dans les aires régionales de stockage ;

– centre « Distribution » : cette activité consiste à vendre et à livrer l'essence aux clients (stations-services indépendantes principalement) ;

– centre « Transport » : cette activité auxiliaire gère le parc de camions-citernes de la société, et est prestataire de services pour les centres Approvisionnement et Distribution. Il arrive également que des transports soient effectués pour le compte de tiers (autres compagnies pétrolières) dans le cadre d'accords de réciprocité visant à optimiser les coûts logistiques ;

– centre « Administration » : cette entité regroupe toutes les autres activités et permet de traiter les coûts de structure fixes. En effet, la société utilise la méthode du *direct costing* et calcule une marge sur coûts variables pour les trois premiers centres qui constituent des centres de profit, alors que la masse des frais fixes est retranchée globalement de la somme des marges.

Les facturations internes s'effectuent au prix du marché quand cela est possible ; il existe d'autre part un prix de cession spécifique pour l'essence livrée par l'Approvisionnement à la Distribution et au Transport.

Pour la période N, les données comptables analytiques sont les suivantes (en milliers d'euros) :

Compte de l'activité Approvisionnement	
Crédit	
Ventes internes d'essence au transport	10 000
Ventes internes d'essence à la distribution	90 000
Débit	
Achats d'essence à la raffinerie	60 000
Prestations internes de transport	20 000
Frais variables	10 000

---

1. D'après un sujet d'oral de l'agrégation d'économie et gestion rédigé par l'auteur.

Compte de l'activité Transport	
Crédit	
Prestations internes à l'approvisionnement	20 000
Prestations internes à la distribution	40 000
Facturation à des tiers	20 000
Débit	
Achats internes d'essence	10 000
Frais variables	25 000
Compte de l'activité Distribution	
Crédit	
Ventes d'essence	200 000
Débit	
Achats internes d'essence	90 000
Prestations internes de transport	40 000
Frais variables	50 000

Les frais de structure s'élèvent globalement à 80 millions d'euros.

Pour la période N + 1, la direction fait les prévisions suivantes :

– les facturations de transport à des tiers vont augmenter en volume de 40 % ;

– les ventes externes d'essence vont augmenter en volume de 10 % ;

– le prix de cession interne de l'essence sera relevé de 5 % ;

– le prix d'achat de l'essence à la raffinerie va augmenter de 10 % ;

– le prix de vente de l'essence aux clients va augmenter de 3 % ;

– le prix du transport facturé à des tiers va augmenter de 8 % ;

– les prix des facteurs constituant des « charges variables » au sens du *direct costing* vont augmenter en moyenne de 4 % ;

– parmi les « frais fixes » au sens du *direct costing*, seuls les frais de personnel, qui représentent 40 % du total de ces frais pendant la période N, vont augmenter de 6 % ; les autres frais fixes resteront identiques.

Question 1. Explicitez par un schéma le processus de production.

Le schéma suivant met en évidence le fait que nous avons à la fois une situation d'intégration verticale Approvisionnement – Transport – Distribution, et une situation de prestations réciproques entre l'approvisionnement et le transport :

Schéma du processus

Question 2. Intégrez toutes les données comptables de la période N dans un tableau matriciel entrées-sorties.

Ce TES permet de consolider toutes les données et de calculer le résultat de la période N : – 5 millions d'euros.

TES pour la période N (en millions d'euros)

Ressources \ Emplois	Approvision-nement	Transport	Distribution	Administration	Σ prestations	Ventes externes	Σ emplois
Approvisionnement	0	10	90	0	100	0	100
Transport	20	0	40	0	60	20	80
Distribution	0	0	0	0	0	200	200
Administration	0	0	0	0	0	0	0
Σ prestations	20	10	130	0	160	220	380
Achats externes	60	0	0	0	60		
Frais variables	10	25	50	0	85		
Frais fixes	0	0	0	80	80		
Résultats	+ 10	+ 45	+ 20	– 80	– 5		
Σ ressources	100	80	200	0	380		

Question 3. Établissez le TES prévisionnel.

Dans une première étape, nous établissons un premier TES prévisionnel « à prix inchangés », permettant de répercuter de proche en proche les variations de volume et d'utiliser la linéarité des charges variables par rapport aux niveaux prévisionnels d'activité.

Les ventes prévisionnelles d'essence passent à 200 000 × 1,1 = 220 000 milliers d'euros, et les facturations externes de transport à des tiers passent à 20 000 × 1,4 = 28 000 milliers d'euros.

L'augmentation du niveau d'activité de la distribution se répercute en amont sur les prestations internes d'essence et de transport, qui passent respectivement à 99 000 et à 44 000 milliers d'euros.

Pour pouvoir résoudre le problème des prestations réciproques, il faut calculer les « coefficients techniques » relatifs aux prestations internes, qui sont :
– pour l'approvisionnement :

$$\frac{20\ 000}{100\ 000} = 0,2$$

– pour le transport :

$$\frac{10\ 000}{80\ 000} = 0,125$$

Appelons A_p et T_p les niveaux prévisionnels d'activité en K€ à prix constants pour N + 1 de l'approvisionnement et du transport, respectivement.
Nous avons le système :

$$A_p = 99\ 000 + 0,125\ T_p$$
$$T_p = 44\ 000 + 28\ 000 + 0,2\ A_p$$
$$= 72\ 000 + 0,2\ A_p$$

Ce système peut être résolu par substitution ou en utilisant la méthode d'inversion du calcul matriciel. On trouve :

$$A_p = 110\ 769$$
$$T_p = 94\ 154$$

Cela nous permet de calculer des coefficients de variation d'activité :
– pour l'approvisionnement :

$$\frac{110\ 769}{100\ 000} = 1,1077$$

– pour le transport :

$$\frac{94\ 154}{80\ 000} = 1,1769$$

On peut alors achever le TES prévisionnel à prix inchangés.

TES prévisionnel à prix inchangés pour N + 1 (en milliers d'euros)

Ressources \ Emplois	Approvisionnement	Transport	Distribution	Administration	$\sum$ prestations	Ventes externes	$\sum$ emplois
Approvisionnement	0	11 769	99 000	0	110 769	0	110 769
Transport	22 154	0	44 000	0	66 154	28 000	94 154
Distribution	0	0	0	0	0	220 000	220 000
Administration	0	0	0	0	0	0	0
$\sum$ prestations	22 154	11 769	143 000	0	176 923	248 000	424 923
Achats externes	66 461	0	0	0	66 461		
Frais variables	11 077	29 423	55 000	0	95 500		
Frais fixes	0	0	0	80 000	80 000		
Résultats	+ 11 077	+ 52 962	+ 22 000	− 80 000	+ 6 039		
$\sum$ ressources	110 769	94 154	220 000	0	424 923		

$$\uparrow \qquad \uparrow \qquad \uparrow$$
$$\times\ 1{,}1077 \quad \times\ 1{,}1769 \quad \times\ 1{,}1$$

Il reste ensuite, dans une deuxième étape, à établir le TES prévisionnel définitif en répercutant en lignes les variations de prix.

Ainsi, toutes les données de la première ligne sont multipliées par 1,05, puisque, par hypothèse, le prix de cession interne de l'essence est relevé de 5 %.

Chaque couple ligne-colonne peut être lu comme le budget du sous-système concerné.

Par exemple, pour le service Transport, nous avons (en milliers d'euros) :

Ventes prévisionnelles	101 686
Achats internes prévisionnels	12 357
Frais variables prévisionnels	30 599
Résultat prévisionnel	+ 58 730

Le compte de résultat prévisionnel de l'entreprise est donné par sommation des parties « entrées » et « sorties » du tableau. Le résultat prévisionnel est de + 2 494 milliers d'euros.

TES prévisionnel définitif (en milliers d'euros)

Emplois / Ressources	Approvisionne-ment	Transport	Distribution	Administration	Σ prestations	Ventes externes	Σ emplois
Approvisionnement	0	12 357	103 950	0	116 307	0	116 307
Transport	23 926	0	47 520	0	71 446	30 240	101 686
Distribution	0	0	0	0	0	226 600	226 600
Administration	0	0	0	0	0	0	0
Σ prestations	23 926	12 357	151 470	0	187 753	256 840	444 593
Achats externes	73 107	0	0	0	73 107		
Frais variables	11 520	30 599	57 200	0	99 319		
Frais fixes	0	0	0	81 920[1]	81 920		
Résultats	+ 7 754	+ 58 730	+ 17 930	− 81 920	+ 2 494		
Σ ressources	116 307	101 686	226 600	0	444 593		

Résultat prévisionnel ↙

(1) 81 920 = (80 000 × 0,4 x 1,06) + (80 000 × 0,6).

Coefficients de revalorisation :

Approvisionnement (× 1,05) ; Transport (× 1,08) ; Distribution (× 1,03) ; Achats externes (× 1,1) ; Frais variables (× 1,04).

Chapitre 4

Le budget des approvisionnements

l'ESSENTIEL

Le budget des achats est lié à la définition d'une politique de gestion des stocks optimale : on peut utiliser par exemple le modèle de Wilson pour déterminer la quantité optimale à commander.

La budgétisation proprement dite peut se faire soit par périodicité constante (le plus pratique en termes d'organisation administrative), soit par quantités constantes.

La tendance générale est d'aller vers des systèmes en flux tendus, utilisant par exemple le système japonais du *kanban*.

La notion de stock d'alerte permet d'adapter les décisions en cours de route pour tenir compte des évolutions conjoncturelles.

Dans ce chapitre, nous envisagerons essentiellement le cas des achats de matières premières dans le cadre d'une entreprise industrielle. Ces achats permettent d'alimenter les entrées en stock, alors que les sorties font l'objet d'une prévision en fonction du programme de production. Il est bien sûr possible de transposer l'analyse et de l'appliquer au cas des achats de marchandises dans le cadre d'une entreprise uniquement commerciale, en fonction directement du programme des ventes.

Dans la pratique, le passage du programme de production au programme d'approvisionnement exige l'utilisation des données techniques fournies par les nomenclatures de composants. Pour chaque produit Pi, on connaît la liste des matières premières ou des pièces utilisées, avec la quantité unitaire nécessaire. Connaissant les quantités à fabriquer, on en déduit les quantités de matières à acheter.

L'établissement du budget des approvisionnements est naturellement lié au problème de la gestion des stocks correspondants. Il s'agit de budgéter les entrées en fonction des sorties, en évitant à la fois :

- le surstockage, qui génère un coût élevé dans la mesure où il faut financer la détention de cet élément important du besoin en fonds de roulement que constitue le stock ;

- la rupture de stock, qui risque de venir perturber l'activité en aval en entraînant un arrêt de la production et des livraisons, avec toutes les conséquences néfastes sur le plan commercial et financier : mécontentement de la clientèle, perte de chiffre d'affaires, etc.

1. La recherche de la quantité optimale à commander

L'approche la plus simple du problème est celle du modèle dit de Wilson-Within.

1.1. LE MODÈLE DE WILSON-WITHIN

La fonction d'approvisionnement entraîne l'engagement de coûts importants. En plus d'un ensemble de charges fixes liées à l'administration générale des services, deux composantes variables principales évoluent différemment en fonction de la politique d'approvisionnement suivie par l'entreprise :

- le coût administratif de passation et de gestion des commandes : le fait de passer une commande, que celle-ci soit d'un montant faible ou élevé, entraîne un coût administratif donné (fournitures de bureau, affranchissements postaux, secrétariat administratif, etc.), pouvant atteindre plusieurs dizaines ou même plusieurs centaines d'euros. Le coût total de passation peut être considéré comme étant proportionnel au nombre de commandes passées pendant la période ;

- le coût technique et financier de possession ou de détention du stock : ce coût comprend les charges de logistique dues au stockage (surveillance, assurance, maintien dans certaines conditions de température, vols, etc.) ainsi que le coût financier d'opportunité lié à l'immobilisation des capitaux nécessaires au financement. Ce coût est en général estimé par un pourcentage de la valeur du stock moyen, et peut être ramené à un coût par unité de produit détenu pendant une période.

L'entreprise a le choix entre deux politiques opposées :

- politique 1 : commander très rarement mais en quantités importantes ;

▪ politique 2 : commander très souvent mais en petites quantités. À la limite, l'approvisionnement peut s'effectuer pratiquement en continu, comme dans le cas des systèmes d'organisation de la production en flux tendus. La figure 4.1 représente schématiquement ces deux politiques.

Figure 4.1 –Les deux politiques d'approvisionnement

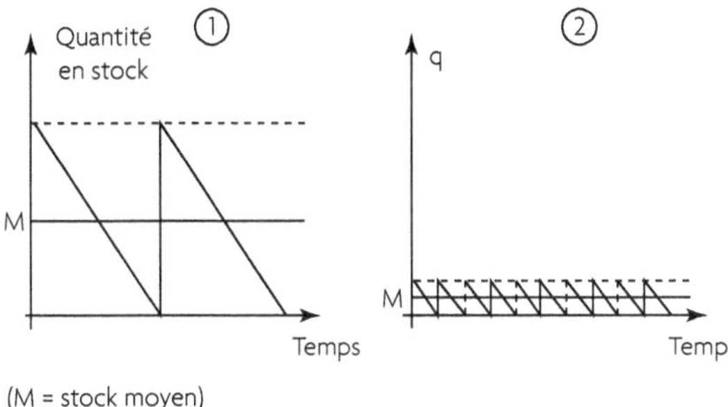

(M = stock moyen)

La structure des coûts dépend de la politique choisie et peut être résumée ainsi :

	Politique 1	Politique 2
Coût de passation	Faible	Élevé
Coût de détention	Élevé	Faible

Entre ces deux politiques extrêmes, il existe une quantité optimale à commander encore appelée « lot économique », qui permet de minimiser le coût total d'approvisionnement.

Appelons :

▪ Q = quantité annuelle nécessaire pour la production ;

▪ X = quantité optimale à commander pour chaque livraison ;

▪ K = coût variable de passation d'une commande ;

▪ C = coût variable du stockage annuel d'une unité ;

▪ F = frais fixes globaux liés à la fonction Approvisionnement ;

▪ T = coût total de la fonction Approvisionnement.

On peut écrire :

coût total d'approvisionnement = coût de passation + coût de détention + autres frais fixes

$$\text{Soit}: T = \frac{Q}{X}K + \frac{X}{2}C + F$$

On remarque que ce coût total T est une fonction de X, quantité optimale à commander, toutes les autres variables étant des constantes. Dans le cadre de ces hypothèses, la quantité X doit minimiser le coût total, et donc annuler la fonction dérivée du coût total. Nous avons donc :

$$\frac{dT}{dX} = -\frac{QK}{X2} + \frac{C}{2} = 0$$

d'où :

$$X^2 = \frac{2QK}{C}$$

soit :

$$X = \sqrt{\frac{2QK}{C}}$$

Cette formule explicite la quantité optimale à commander.

On peut vérifier que, pour cette valeur, la dérivée seconde est bien positive : le coût total passe donc bien par un minimum quand la quantité commandée est X.

Il est d'autre part intéressant de remarquer que, si l'entreprise veut conserver en permanence un stock de sécurité S permettant d'éviter les risques de rupture de stock, la valeur de X est indépendante de S. En effet, dans ce cas, le stock moyen est :

$$\frac{X}{2} + S$$

et le coût de détention :

$$\left(\frac{X}{2} + S\right).C$$

Dans le calcul de dérivation, le terme SC a une dérivée nulle, et donc le résultat obtenu précédemment n'est pas modifié.

Le nombre N de commandes à passer dans l'année est donc de :

$$N = \frac{Q}{X}$$

1.2. Modalités pratiques d'application : la méthode des « 20-80 »

L'analyse précédente montre qu'il est nécessaire de calculer la quantité optimale à commander pour chaque produit si l'on veut minimiser les coûts. Mais beaucoup de produits achetés représentent une valeur faible et il n'est pas nécessaire de tous les gérer de façon aussi rigoureuse.

Or, il se trouve que statistiquement on vérifie toujours empiriquement la loi suivante : un nombre limité de références (environ 20 %) représente toujours une part importante de la valeur globale cumulée des achats (environ 80 %). Cette règle des « 20-80 » peut être représentée graphiquement par la figure 4.2 suivante :

Figure 4.2 – Règle des « 20-80 »

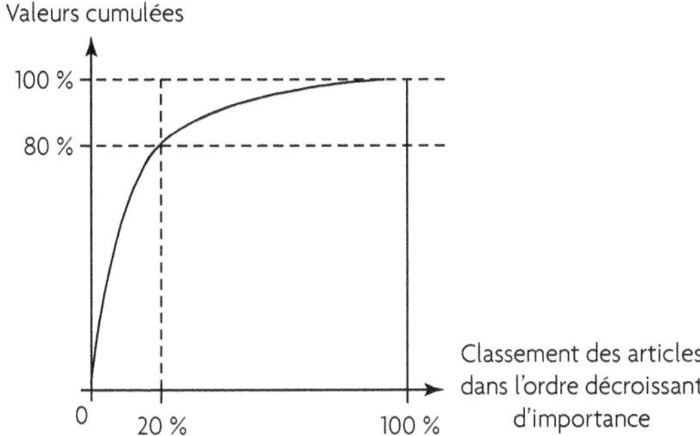

À SAVOIR

On peut tirer de cette constatation une règle pratique de gestion très simple :
■ pour 20 % des articles représentant environ 80 % de la valeur globale cumulée des achats, on applique le modèle de Wilson-Within en gérant les achats et les stocks de façon rationnelle ;
■ pour les 80 % restant, on gère de façon beaucoup plus simple et empirique, généralement en commandant une quantité suffisamment importante pour éviter tout souci de rupture, sans se préoccuper du coût du stockage qui sera nécessairement presque négligeable.

1.3. LE CAS PARTICULIER DES SYSTÈMES DE GESTION EN FLUX TENDUS

L'évolution des systèmes de gestion de la production se caractérise de plus en plus par l'adoption des procédures d'approvisionnement « juste-à-temps » en « flux tendus ». L'approvisionnement se fait alors pratiquement en continu, en épousant de façon presque parfaite les fluctuations des besoins de la production.

Notons que l'on peut interpréter cette pratique dans le cadre du modèle en remarquant que la gestion en flux tendus revient, pour faire tendre le stock vers zéro, à faire tendre la quantité X livrée à chaque livraison vers zéro également. Ceci n'est rationnel que si K est très faible en comparaison de C : ce qui n'est possible que dans une situation d'intégration très poussée des systèmes de gestion du client et du fournisseur, dans le cadre de relations partenariales durables, avec des coûts de transaction pratiquement nuls pour chaque livraison, avec par exemple automatisation par télématique des relations entre le client et le fournisseur, entre le donneur d'ordre et le sous-traitant.

La production industrielle était traditionnellement organisée selon les principes de l'ordonnancement en séries plus ou moins longues, avec des « stocks-tampons » importants entre les différentes phases du processus de fabrication. De plus en plus, on cherche à faire tendre ces stocks vers zéro, pour limiter les besoins en fonds de roulement correspondants.

On peut par exemple utiliser le système du *kanban* (« fiche » en japonais) qui peut fonctionner aussi bien en interne (entre deux ateliers) qu'en externe (avec un sous-traitant – dans ce cas le kanban sera généralement dématérialisé, l'ordre de réapprovisionnement étant adressé par télématique).

Prenons une unité de production X qui fabrique en amont une pièce livrée en aval à une unité d'assemblage Y, par exemple un composant électronique pour fabriquer des appareils de mesure.

Les pièces sont livrées accompagnées d'une fiche. Après réception, et dès que l'on commence à utiliser les composants livrés, la fiche est retournée à l'unité productrice, valant ordre de fabrication. La fréquence des retours permet d'adapter en permanence la production aux besoins exprimés en aval. Si la production ralentit, le réapprovisionnement est différé, par contre si elle s'accélère, le rapprovisionnement s'accélère également.

À la limite, dans certains cas, il peut y avoir une fiche par unité livrée, ce qui permet d'être très proche du stock zéro. C'est un système de ce type qui est utilisé dans les officines de pharmacie pour le réapprovisionnement à l'unité auprès des grossistes distributeurs, quelquefois 2 ou 3 fois par jour, pour certains médicaments.

Pour fonctionner correctement, il faut mettre en circulation un nombre F de fiches adapté au volume de l'activité. Si L est le nombre moyen de livraisons par unité de temps et D le délai requis pour procéder à la fabrication, majoré du temps de livraison, il faut que : $F = L \times D$.

Par **EXEMPLE**

Supposons que l'on assemble chaque semaine 2 000 appareils en fonctionnant sur 5 jours, soit 400 par jour. Les pièces sont livrées par caisse de 200. Il faut donc recevoir en moyenne 2 caisses par jour. La fabrication de 200 pièces demande une demi-journée au sous-traitant. Le délai de livraison est de un jour.

Nous avons donc $D = 1 + 0,5 = 1,5$ jour.

Par ailleurs, $L = 2$.

> **•••**
>
> Il faut donc prévoir F = 2 × 1,5 = 3 kanbans.
>
> Avec plus de 3 fiches, on risque l'engorgement et donc le surstockage ; avec moins de 3, on risque une rupture des approvisionnements.
>
> En effet, entre le moment où un kanban valant ordre de fabrication est retourné au sous-traitant et le moment où la livraison arrive sur la chaîne de fabrication, il s'écoule un jour et demi, pendant ce temps les besoins auront été en moyenne de 400 × 1,5 = 600, qui sont satisfaits par 3 livraisons (3 × 200 = 600). Il faut donc « tourner » avec 3 « trains » de livraison.
>
> Une partie des pièces se trouve donc toujours « en chemin », et c'est le fournisseur qui supporte pour l'essentiel le besoin en fonds de roulement. On remarquera par ailleurs qu'on ne peut évidemment pas supprimer entièrement les stocks intermédiaires (le « zéro stocks » est une formule choc…), mais on essaie de les limiter au maximum.

2. Le programme d'approvisionnement

L'établissement de ce programme nécessite de fixer au départ :

- ▪ soit la quantité à commander, qui dans l'idéal doit être le lot économique au sens du modèle de Wilson. Dans ce cas, compte tenu des fluctuations conjoncturelles de l'activité de production, le problème consiste à déterminer les dates de livraison et de commande ;

- ▪ soit la périodicité (une commande toutes les semaines, par exemple), en fonction du nombre optimal de commandes N. Le problème est alors de déterminer, pour chaque commande, la quantité à commander, qui devra être modulée en fonction des besoins autour de la quantité de Wilson considérée alors comme une moyenne.

Par souci de simplicité, la méthode de programmation va être présentée de manière graphique, mais il est évident qu'à partir de cette méthode, on peut expliciter les algorithmes utilisables pour l'informatisation des calculs.

2.1. PRINCIPES DE LA MÉTHODE CUMULATIVE RETENUE

Il nous faut ajuster au plus près les achats en fonction des sorties du stock, en faisant en sorte que, dans le temps, la quantité (ou la fonction) « stock initial + achats cumulés » épouse ou enveloppe au mieux la quantité « sorties cumulées ».

L'évolution des sorties prévisionnelles est supposée connue et permet de calculer les sorties cumulées dans un tableau du type suivant :

Périodes	Sorties	Sorties cumulées
Janvier N + 1	100	100
Février	300	400
...	...	...
Décembre	100	3 000
Total : Q = 3 000		

À partir de ces données, on peut définir la courbe des sorties cumulées en fonction du temps, comme l'indique la figure 4.3 :

Figure 4.3 – Sorties cumulées

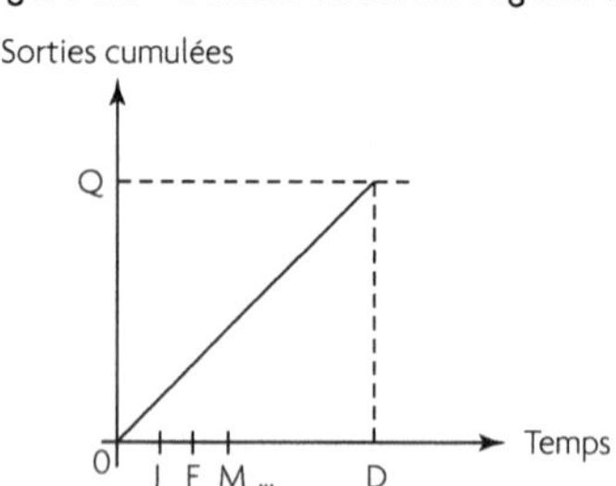

En supposant, pour chaque période mensuelle, un écoulement constant, on obtient une courbe strictement croissante constituée par une succession de segments. La forme de cette courbe dépend de la saisonnalité de l'activité. Dans le cas d'une activité parfaitement régulière, nous obtenons une droite, comme l'indique la figure 4.4 suivante :

Figure 4.4 – Sorties cumulées régulières

Mais en général, les sorties ne sont pas régulières. Dans le cas d'une forte activité en début, en milieu ou en fin de période, nous aurons respectivement les cas de figure et les courbes suivants, représentés dans la figure 4.5 :

Figure 4.5 – Sorties irrégulières dans le temps

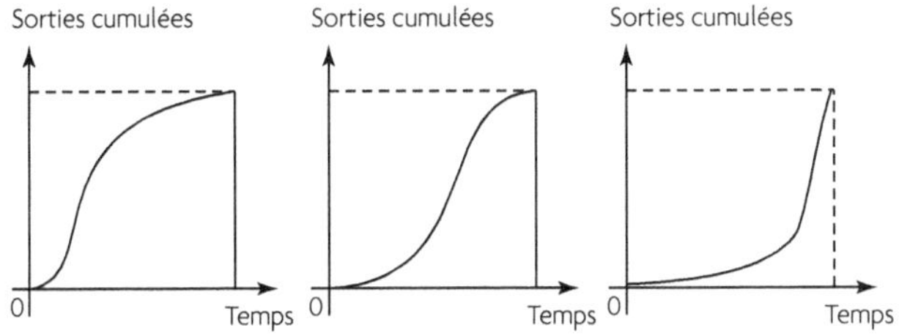

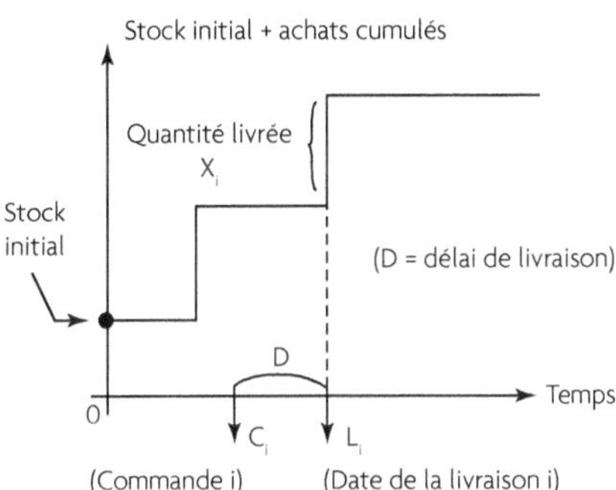

Quant à la fonction « stock initial + achats cumulés », elle a la forme d'une courbe en escalier : à chaque livraison, on monte d'une marche égale au montant livré, comme le montre la figure 4.6 suivante :

Figure 4.6 – Stock initial + achats cumulés

L'intérêt de cette présentation est de faire apparaître à chaque instant t_0 le montant de l'existant en stock comme étant la différence entre les deux fonctions, comme l'indique la figure 4.7.

Figure 4.7 – Le stock comme différence entre deux fonctions

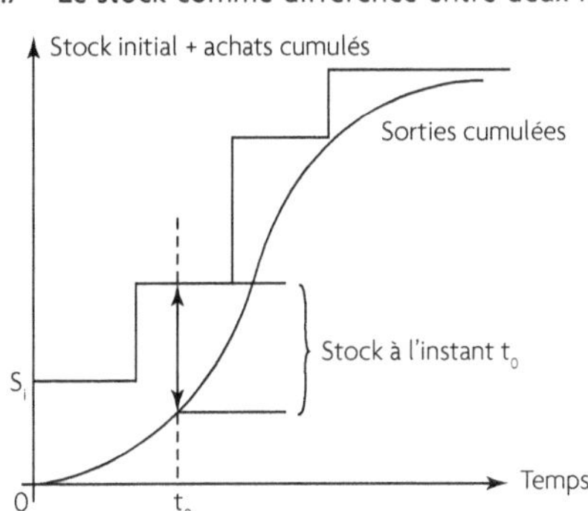

Nous allons utiliser cette approche pour déterminer le programme des achats, en raisonnant graphiquement.

2.2. CAS DE LA PÉRIODICITÉ CONSTANTE

C'est l'hypothèse retenue chaque fois que l'on peut moduler facilement la quantité. En effet, le choix d'une périodicité constante permet d'organiser de façon simple et contrôlable le travail administratif lié à la passation des commandes : le planning des tâches est facile à mettre en place, parce que répétitif.

La figure 4.8 permet d'expliciter la méthode. Il suffit de porter sur un graphique des sorties prévisionnelles cumulées les dates de livraison fixées à l'avance sur l'axe des temps. En traçant des droites parallèles équidistantes verticales, on détermine les points de rencontre avec la courbe des sorties cumulées, qui nous donnent, par lecture sur l'axe des quantités, les niveaux prévisionnels que devra atteindre la courbe « stock initial + achats cumulés ». Les valeurs correspondantes V_1, V_2, etc. peuvent être calculées par interpolation linéaire. On peut alors calculer les quantités à commander par différence :

$$X_1 = V_1 - S_i \, ;$$
$$X_2 = V_2 - V_1 \, ;$$
$$\text{etc.}$$

Figure 4.8 – Détermination des quantités

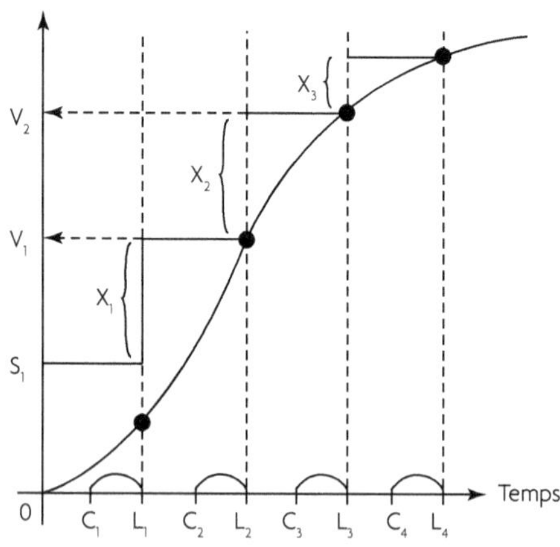

La date de chaque commande C_i est anticipée par rapport à la date de livraison L_i en fonction du délai D imposé par le fournisseur.

Si le délai de livraison D est aléatoire, il faut, pour éviter le risque de rupture de stock, conserver un stock de sécurité S. Il convient alors de raisonner à partir d'une courbe des sorties cumulées translatée vers le haut, comme l'indique la figure 4.9.

On peut également raisonner en termes de « délai de livraison de sécurité » : dans ce cas, il faut translater la courbe des sorties cumulées vers la gauche.

Figure 4.9 – Prise en compte du stock de sécurité S

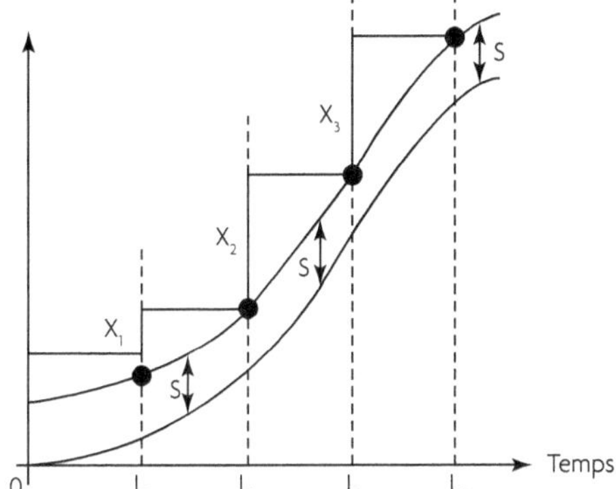

2.3. Cas où la quantité à commander est fixe

La commande par quantité fixe peut s'imposer quand il est difficile de fractionner la livraison pour des raisons de conditionnement, par exemple. Dans ce cas, il peut être difficile de moduler économiquement les quantités. Il vaut alors mieux fixer la quantité à commander en modulant les dates de livraison. On prendra en général un multiple de la quantité correspondant à l'unité de conditionnement standard.

❭ Ainsi, si la matière première est livrable par wagons de 10 tonnes, on passera une commande de 3 wagons, soit 30 tonnes, et non pas 2,8 ou 3,2 wagons…

Le problème consiste dans ce cas à déterminer les dates prévisionnelles pertinentes de commandes et de livraisons. Pour ce faire, on utilise une démarche très proche de la précédente, mais en partant de l'axe des quantités. En traçant des droites parallèles horizontales espacées de la quantité X, on trouve, par intersection avec la courbe des sorties cumulées, les points dont les abscisses sont les dates prévisionnelles de livraison L_1, L_2, etc. Ces dates peuvent être calculées par interpolation linéaire. On détermine ensuite les dates de commande C_1, C_2, etc. en répercutant le délai de livraison D. La figure 4.10 représente cette démarche. Comme précédemment, on peut également raisonner à partir d'une courbe translatée tenant compte d'un stock ou d'un délai de sécurité.

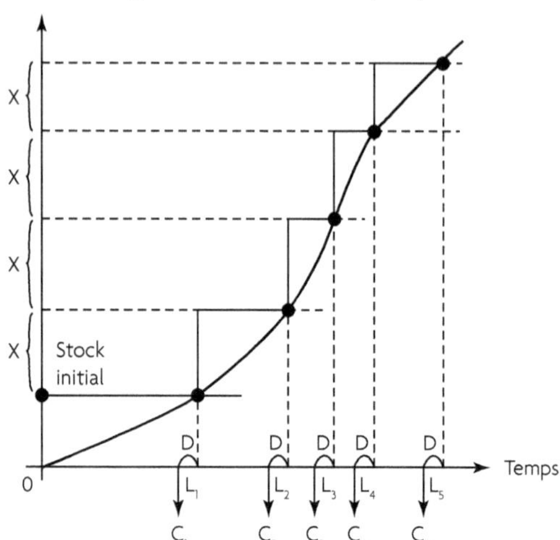

Figure 4.10 – Programmation des achats par quantité constante

3. La budgétisation proprement dite

Elle concerne :

- les achats ;
- les frais d'approvisionnement.

3.1. Le budget des achats

Le point important concerne la mensualisation de ce budget. En effet, il est nécessaire de regrouper les achats mensuellement afin de pouvoir, en aval, établir le budget des décaissements de trésorerie.

À l'issue de la phase de programmation des approvisionnements, on a défini la date et la quantité de chaque livraison, dans un ordre chronologique en fonction de la courbe des sorties cumulées. Il faut alors recenser et regrouper mois par mois ces différentes commandes en tenant compte des dates de facturation (en général, dans le mois qui suit la livraison), et multiplier les quantités mensuelles par le prix d'achat prévisionnel pour obtenir les achats prévisionnels mensuels.

Par exemple (p est le prix d'achat unitaire) :

Mois	N° de commande	Quantités	Budget
Janvier	1	X1	X1 × p
Février	2	X2	
	3	X3	
	4	X4	(X2 + X3 + X4) × p
Les X_i peuvent bien sûr être identiques.			

3.2. LE BUDGET DES FRAIS D'APPROVISIONNEMENT

Comme pour d'autres fonctions, ce budget est généralement décomposé en une partie fixe (salaires du personnel d'encadrement, par exemple) et une partie variable, reflétant notamment les composantes sensibles étudiées précédemment et liées soit au coût de passation des commandes, soit aux aspects logistiques et financiers de la détention du stock.

Là encore, le choix des inducteurs de coûts est déterminant pour obtenir un budget pertinent. Certains postes budgétaires (frais de dédouanement, courtages ou commissions, par exemple) peuvent dépendre d'inducteurs volumiques classiques ; d'autres peuvent dépendre plutôt du nombre de livraisons ou de commandes.

4. La surveillance du stock en cours de période

Les sorties étant en partie aléatoires, il est fort possible qu'en cours de période l'écoulement du stock soit plus rapide ou au contraire moins rapide que prévu au moment de l'établissement du programme d'approvisionnement. Il est donc nécessaire, dans certains cas, de modifier en cours de route ce programme. Le processus de contrôle qui s'instaure alors repose sur l'utilisation de la notion de stock d'alerte et illustre parfaitement la nature bouclée et rétroactive de la gestion budgétaire.

4.1. LA NOTION DE STOCK D'ALERTE

Représentons, comme le montre la figure 4.11, l'écoulement du stock en fonction du temps. Le stock d'alerte est, par définition, la quantité en stock au moment du déclenchement d'une commande. Cette quantité représente la consommation pendant le délai de livraison majorée du stock de sécurité.

Figure 4.11 – Mise en évidence du stock d'alerte

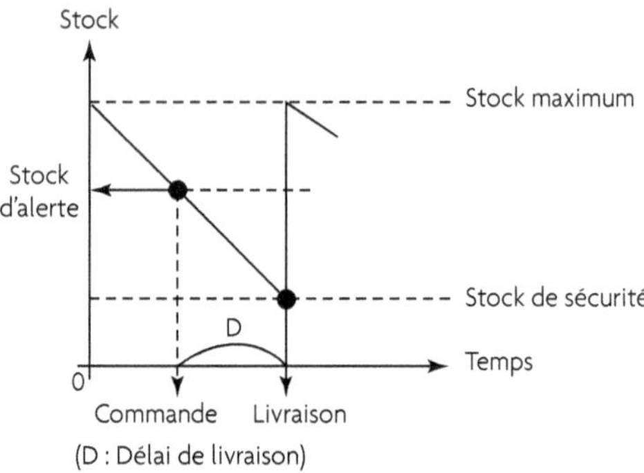

C'est la connaissance de ce stock d'alerte qui peut permettre de contrôler l'écoulement du stock en décelant une évolution ne correspondant pas aux prévisions.

Si tout se déroule conformément au programme d'activité prévu, le stock d'alerte est atteint normalement au moment de lancer la commande prévue dans le programme d'approvisionnement. Dans ce cas, il n'y a pas de décision à prendre, si ce n'est d'appliquer le programme prévu. Sinon, il y a lieu de modifier le programme d'achat, en changeant la date ou la quantité.

4.2. CAS D'UNE ACCÉLÉRATION DE L'ÉCOULEMENT

À chaque fois qu'une sortie de stock a lieu, en fonction des besoins de la production, le compte d'inventaire permanent est mouvementé. On compare alors le solde avec le stock d'alerte. Si le stock d'alerte est atteint avant la date prévue pour la commande, le système d'information a décelé une accélération des sorties par rapport aux prévisions et doit émettre un signal d'alerte.

❭ Par exemple, en sous-produit de l'application informatique qui affecte les sorties matières aux coûts des produits, l'ordinateur édite un état des « prémanquants ». Ceci est illustré par la figure 4.12.

Il convient alors de modifier le programme initialement prévu en prenant une décision du type :

■ commander plus tôt que prévu ;

■ ou bien attendre la date prévue, mais commander plus pour reconstituer le stock de sécurité qui, dans ce cas, aura été en partie utilisé.

On atteint le stock d'alerte plus tôt que prévu.

Figure 4.12 – Accélération de l'écoulement

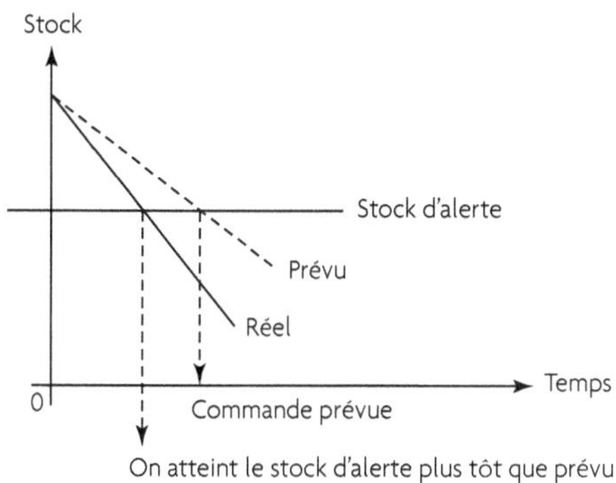

4.3. Cas d'un ralentissement de l'écoulement

Dans ce cas, à la date prévue pour la commande, on constate un stock existant supérieur au stock d'alerte que l'on aurait dû atteindre à ce moment si le programme d'activité initial avait été respecté. Si on passe la commande prévue au budget, on risque très certainement de se retrouver en surstockage après la livraison. Il convient donc de modifier le programme en commandant moins que prévu ou en différant la commande jusqu'à ce qu'on retrouve le stock d'alerte. La figure 4.13 illustre cette situation.

Figure 4.13 – Ralentissement de l'écoulement

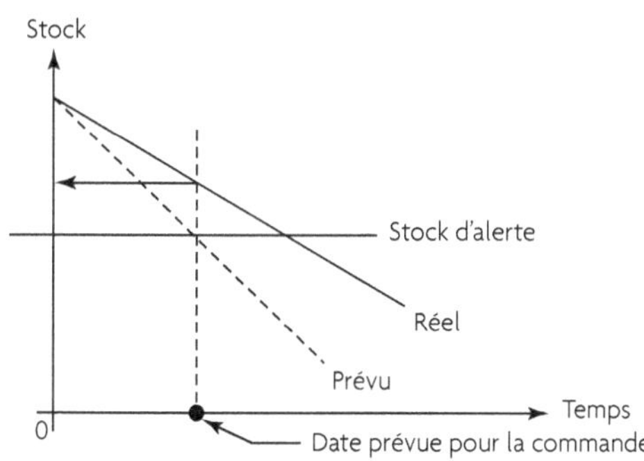

Ce processus de contrôle des réapprovisionnements par la surveillance du stock d'alerte constitue un bon exemple de la nature bouclée et rétroactive de la gestion budgétaire, comme le montre la figure 4.14.

Figure 4.14 – Système de régulation du stock

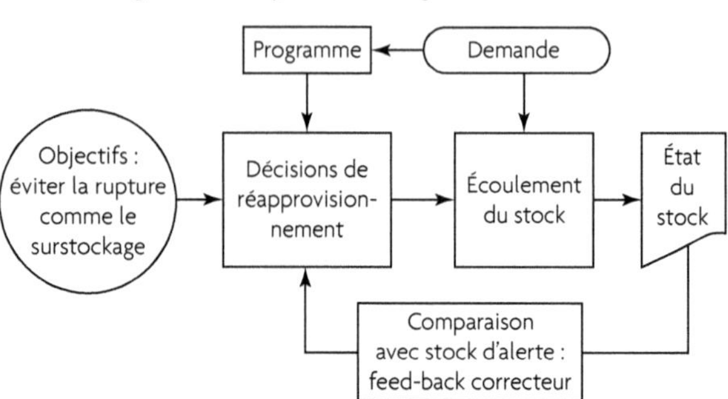

À **SAVOIR**

Si le stock d'alerte est atteint à la date prévue pour déclencher la commande, on ne fait qu'appliquer de façon routinière le programme prévu initialement pendant la phase d'élaboration des budgets. Sinon, toute anomalie doit entraîner une décision correctrice.

Étude de cas 8

Sapic

Le docteur Mabuz, pharmacien à Marseille, fabrique de façon artisanale depuis plusieurs années un baume de son invention, la crème Sapic, qui fait merveille contre les piqûres de moustiques et autres insectes.

La crème Sapic est vendue, au plan régional, en produit OTC en pharmacie et dans quelques parfumeries. Le docteur Mabuz a passé un accord avec un laboratoire de Toulon dont les visiteurs médicaux ont un rôle de représentation auprès des pharmaciens et parfumeurs dans trois départements : le Var, les Alpes-Maritimes et les Bouches-du-Rhône. Les ventes sont très saisonnières, concentrées sur les mois d'été.

Dans la formule du produit, on trouve plusieurs composants ne posant pas de problèmes d'approvisionnement et de faible valeur. Mais le principal élément actif, le perlimpinpinate de sodium, doit être acheté à une filiale d'un groupe américain qui demande 10 jours de livraison.

Chaque boîte de crème contient 50 g de perlimpinpinate. Celui-ci est livrable en containers de 25 kg, et les achats sont payables à réception. Le stock actuel de perlimpinpinate, à la fin de l'année N, est de 327 kg, ce qui est beaucoup trop. Le docteur Mabuz est conscient de ce surstockage et voudrait ne conserver en permanence qu'un stock de sécurité de 50 kg.

Le prix d'achat du perlimpinpinate est de 44 € le kilo, le coût administratif de passation d'une commande est de 75 € et la détention du stock entraîne un coût financier et logistique évalué à 12 % de la valeur du stock moyen.

La fabrication a lieu dans le mois qui précède la vente. Par ailleurs, le docteur Mabuz, qui est un fanatique des croisières maritimes, s'offre le luxe d'arrêter la fabrication pendant tout le mois d'août pour partir s'adonner aux joies de la navigation en Méditerranée. Les laboratoires Mabuz fabriquent donc pendant le mois de juillet les crèmes vendues en août et septembre. Une permanence est assurée pendant le mois d'août pour effectuer les expéditions.

Vous disposez des prévisions de vente des représentants pour l'année N + 1, pour les trois départements :

Département du Var

Mois	Pharmacies	Parfumeries
Janvier N + 1	–	–
Février	–	–
Mars	–	–
Avril	700	100
Mai	700	100

Mois	Pharmacies	Parfumeries
Juin	800	200
Juillet	1 500	500
Août	800	200
Septembre	800	200
Octobre	400	100
Novembre	400	100
Décembre	–	–

Département des Alpes-Maritimes

Mois	Pharmacies	Parfumeries
Janvier N + 1	–	–
Février	–	–
Mars	–	–
Avril	500	100
Mai	500	100
Juin	1 500	500
Juillet	4 000	1 000
Août	5 000	1 000
Septembre	4 000	1 600
Octobre	800	200
Novembre	800	200
Décembre	–	–

Département des Bouches-du-Rhône

Mois	Pharmacies	Parfumeries
Janvier N + 1	–	–
Février	–	–
Mars	–	–
Avril	400	200
Mai	400	200
Juin	800	200
Juillet	800	200
Août	700	300
Septembre	700	300
Octobre	400	100
Novembre	400	100
Décembre	–	–

Question 1. Établissez le programme mensualisé des ventes, de la production et des consommations de perlimpinpinate.

Mois	Ventes Var	Ventes Alpes-Maritimes	Ventes Bouches-du-Rhône	Total ventes	Production	Consommation (en kg)
Janvier	–	–	–	–	–	
Février	–	–	–	–	–	–
Mars	–	–	–	–	2 000	100 [3]
Avril	800 [1]	600	600	2 000	2 000	100
Mai	800	600	600	2 000	4 000	200
Juin	1 000	2 000	1 000	4 000	8 000	400
Juillet	2 000	5 000	1 000	8 000	15 600 [2]	780
Août	1 000	6 000	1 000	8 000	–	–
Septembre	1 000	5 600	1 000	7 600	2 000	100
Octobre	500	1 000	500	2 000	2 000	100
Novembre	500	1 000	500	2 000	–	–
Décembre	–	–	–	–	–	–
Totaux				35 600	35 600	

(1) 800 = 700 + 100.

(2) 15 600 = 8 000 + 7 600.

(3) 100 = 2 000 × 0,05.

Question 2. Calculez la quantité optimale à commander X.

Quantité annuelle globale à acheter Q :

$$Q = 35\ 600 \times 0,05 = 1\ 780$$

Le coût total d'approvisionnement CT s'écrit :

$$CT = \frac{1\ 780}{X} \times 75 \ + \ \frac{X}{2} \times 44 \times 0,12$$

$$CT' = -\frac{1\ 780 \times 75}{X^2} + \frac{44 \times 0,12}{2} = 0$$

d'où :

$$X^2 + \frac{2 \times 1\ 780 \times 75}{44 \times 0,12}$$

$X = 224,87$, arrondi à 225, multiple de 25 le plus proche.

Question 3. Déterminez les dates de livraison et de commande, et établissez le programme mensualisé des approvisionnements.

Les dates de livraison sont les abscisses des points de contact de la courbe « stock initial + achats cumulés » avec la courbe « stock de sécurité + sorties cumulées ».

Ainsi, la première livraison peut avoir lieu en mai, parce que, pendant ce mois, la fonction « stock de sécurité + sorties cumulées » passe de 250 à 450 : 450 étant supérieur au montant du stock initial 327, il faut une livraison pour éviter le risque de rupture.

Pour calculer la date de livraison, on raisonne par interpolation linéaire, avec, par simplification, un mois de 30 jours. Soit j le quantième correspondant à la première livraison.

Nous avons :

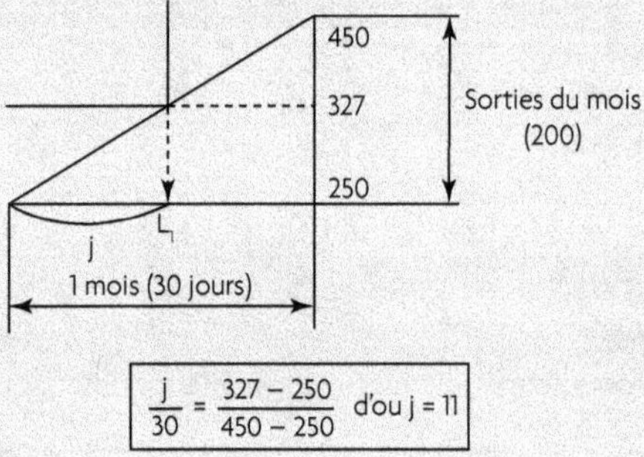

$$\frac{j}{30} = \frac{327 - 250}{450 - 250} \quad \text{d'où } j = 11$$

La première livraison doit donc avoir lieu le 11 mai, et compte tenu du délai, la commande doit être passée au plus tard le 1er mai. On calcule de la même façon les dates des livraisons suivantes :

Tableau de calcul

Mois	Consommations	Consommations cumulées + stock de sécurité	Stock initial + achats cumulés	Livraisons L_j
J	0	50	327 › 50	aucune
F	0	50	327 › 50	aucune
M	100	150	327 › 150	aucune
A	100	250	327 › 250	aucune
M	200	450	327 ‹ 450	→ L_1
J	400	850	552 ‹ 850	→ L_2
			777 ‹ 850	→ L_3
J	780	1 630	1 002 ‹ 1 630	→ L_4
			1 227 ‹ 1 630	→ L_5
			1 452 ‹ 1 630	→ L_6
A	0	1 630	1 677 › 1 630	aucune
S	100	1 730	1 677 ‹ 1 730	→ L_7
O	100	1 830	1 902 › 1 830	aucune
N	0	1 830	1 902 › 1 830	aucune
D	0	1 830	1 902 › 1 830	aucune

Le programme d'approvisionnement est donc le suivant :

en *mai*	1 seule livraison :	le 11	(commande le 1/5)
en *juin*	2 livraisons :	le 7	(commande le 27/5)
		et le 24	(commande le 14/6)
en *juillet*	3 livraisons :	le 5	(commande le 25/6)
		le 14	(commande le 4/7)
		et le 23	(commande le 13/7)
en *septembre*	1 seule livraison :	le 14	(commande le 4/9)

Question 4. Établissez le budget des achats (en euros).

J, F, M, A		0
Mai	1 × 225 × 44 =	9 900
Juin	2 × 225 × 44 =	19 800
Juillet	3 × 225 × 44 =	29 700
Août		0
Septembre	1 × 225 × 44 =	9 900
O, N, D		0
Total		69 300

Remarque : on peut diminuer la commande de septembre pour éviter un léger surstockage en début d'année N + 2.

Représentation graphique

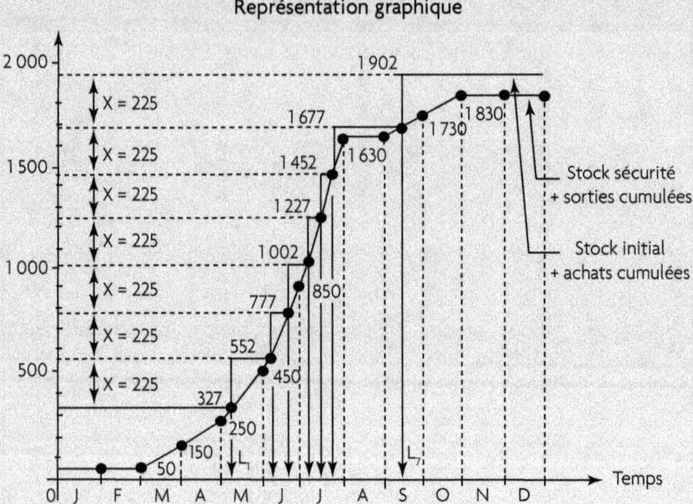

Étude de cas 9
Société Filtrex

La société Filtrex est filiale d'un important fabricant d'adoucisseurs d'eau, Softwater, pour lequel elle fabrique des filtres.

Les filtres sont fabriqués et livrés par séries de 2 000 unités. La fabrication d'une telle série prend une semaine chez Filtrex. Les charges de production, dont on considère par simplification qu'il faut faire l'avance dès la mise en fabrication, sont de 60 € par filtre.

Les filtres sont stockés en moyenne pendant une semaine avant d'être livrés à la chaîne de montage de Softwater, qui fabrique en moyenne 8 000 adoucisseurs par mois, et a donc besoin de 8 000 filtres. Softwater conserve en permanence un stock de sécurité minimum de 1 000 filtres.

Filtrex étant proche géographiquement de la chaîne d'assemblage de Softwater, on néglige le délai de transport entre les deux établissements.

Le coût du capital immobilisé est évalué à 5 %.

Question 1. En raisonnant au niveau du groupe, quel est le montant du besoin en fonds de roulement induit par la politique de production et de stockage des filtres, et le coût d'opportunité financier annuel correspondant ?

Chez Filtrex, il y a en permanence une série en fabrication et une série en stock, en attente de livraison, ce qui représente une valeur immobilisée de :

$$2\ 000 \times 2 \times 60 = 240\ 000$$

et donc un coût annuel de :

$$240\ 000 \times 0,05 = 12\ 000$$

On peut également dire que, pour chaque filtre, on fait l'avance de 60 € pendant 15 jours (0,5 mois) avant de livrer, ce qui donne :

$$8\ 000 \times 12 \times 60 \times 0,5/12 \times 0,05 = 12\ 000$$

Chez Softwater, le stock de filtres oscille en permanence entre 1 000 (stock de sécurité minimum) et 1 000 + 2 000 = 3 000 filtres (quand on reçoit une livraison de 2 000).

Le stock est donc en moyenne de (1 000 + 3 000)/2 = 2 000 filtres, soit un coût annuel de :

$$2\ 000 \times 60 \times 0,05 = 6\ 000$$

En tout, au niveau du groupe, le coût est donc de 12 000 + 6 000 = 18 000 €.

***

Softwater envisage de réorganiser sa logistique et de passer en flux tendus pilotés par informatique. Le stock de sécurité de la chaîne d'assemblage serait ramené à 200 filtres, et les réapprovisionnements se feront par lots de 500, accompagnés d'une fiche kanban électronique. Dès retour de la fiche valant ordre de fabrication (retour d'un message électronique généré par la validation de la réception de la livraison), Filtrex mettra en fabrication immédiatement une nouvelle série de 500 filtres, livrée immédiatement après fabrication.

Question 2. Combien de fiches faut-il mettre en circulation, et quelle économie peut-on réaliser ? Quelles seront les conséquences pour les salariés de Filtrex ?

Raisonnons mensuellement.

Le nombre de lots de 500 à réceptionner mensuellement en aval est :

$$L = 8\ 000/500 = 16$$

Il fallait une semaine (0,25 mois) à Filtrex pour fabriquer une série de 2 000 filtres ; pour en fabriquer 500, en retenant une hypothèse de proportionnalité, il faudra 4 fois mois de temps, soit :

$$D = 0,25/4 = 0,0625 \text{ mois}$$

Le nombre de fiches à mettre en circulation est donc :

$$F = L \times D = 16 \times 0,0625 = 1$$

Il ne faut qu'une seule fiche.

Ce résultat peut paraître surprenant mais est dû au fait que l'on néglige le délai de transfert, du fait de la proximité géographique, et que chaque livraison de 500 correspond aux besoins en aval pendant le cycle de réapprovisionnement (8 000/16 = 500). À chaque livraison, on relance une production pour un volume identique.

Au niveau du groupe, il y aura donc en permanence un stock de 500 filtres en cours de fabrication chez Filtrex et un stock moyen de 200 + (500/2) = 450 filtres chez Softwater.

Cela représente un coût d'immobilisation du capital de : (500 + 450) × 60 × 0,05 = 2 850 €.

L'économie potentielle est donc de : 18 000 – 2 850 = 15 150 €.

Pour les salariés de Filtrex, il va falloir s'adapter avec plus de « flexibilité ».

En effet, dans le système antérieur, le travail pouvait être programmé de façon routinière (avec un temps de travail hebdomadaire fixe), la régulation conjoncturelle se faisant par des variations de stock.

Dans le nouveau système, leur travail sera « tiré par l'aval » : si la conjoncture se dégrade et que Softwater est obligé de ralentir sa production, le retour de la fiche kanban peut être légèrement différé et Filtrex va retarder la mise en fabrication du nouveau lot de 500, pour éviter le surstockage. Il peut y avoir chômage technique pendant quelques jours. Inversement, si la production s'accélère, la « fiche » (l'ordre) peut revenir plus tôt, à l'initiative du responsable de la fabrication chez Softwater, obligeant Filtrex à forcer les cadences où à faire des heures supplémentaires pour tenir son planning. Il faut donc revoir le « deal » avec les salariés, en passant par exemple à un système d'annualisation du temps de travail.

Chapitre 5

Le budget des investissements

l'ESSENTIEL

Les projets d'investissement sont au préalable passés au filtre des critères de rentabilité : taux de rentabilité moyen, délai de récupération, valeur actualisée nette, taux de rentabilité interne. Cette évaluation pose le problème du taux d'actualisation pertinent à retenir.

La contrainte de financement mène à un classement des projets : les plus rentables sont mis en œuvre en priorité, les autres peuvent être différés.

Le plan pluriannuel de financement intègre l'équilibrage financier au niveau de chaque projet, compte tenu des financements spécifiques, et dans le temps.

Les budgets étudiés précédemment concernaient essentiellement l'exploitation de l'entreprise. Mais celle-ci est également amenée à réaliser des investissements pour améliorer son fonctionnement ou développer ses activités.

Ces opérations ne s'improvisent pas et doivent être programmées sur plusieurs exercices. Notons que le financement concerne non seulement les investissements proprement dits, comme les bâtiments ou les machines, mais également la variation du besoin en fonds de roulement induite par l'activité prévisionnelle.

Nous étudierons successivement :

- l'analyse de la rentabilité des différents projets d'investissement ;
- la sélection des projets retenus dans le programme d'investissement ;
- l'établissement du plan de financement.

Notons que ce chapitre, comme le suivant concernant la trésorerie, représente une rupture par rapport aux chapitres précédents. Nous avons en effet jusqu'à présent raisonné en charges et produits, alors que, pour les problèmes liés au financement et à la trésorerie, il faut raisonner en flux de liquidités (encaissements et décaissements). Il y a là une source de difficultés et d'erreurs fréquentes, par exemple au niveau du traitement des amortissements.

1. L'analyse de la rentabilité des projets

1.1. LA NÉCESSITÉ DE DÉFINIR DES CRITÈRES DE RENTABILITÉ

Les projets d'investissement peuvent émaner de la direction générale, comme c'est souvent le cas dans les PME, ou être proposés par des unités décentralisées : centres de profit ou divisions dans le cas d'une grande entreprise.

Dans un premier temps, tous ces projets doivent être analysés selon des critères identiques, afin de pouvoir écarter les projets non rentables, et de pouvoir faire des arbitrages compte tenu des possibilités nécessairement limitées de financement.

À **SAVOIR**

L'utilisation d'un critère de rentabilité est un impératif économique. Cela est particulièrement évident pour les entreprises privées, dont l'objectif premier est de faire fructifier le capital investi par les actionnaires. Mais c'est tout aussi vrai dans d'autres contextes institutionnels : une entreprise publique ou une coopérative ne peuvent survivre à long terme que dans des conditions normales de rentabilité minimale.

Il est donc nécessaire, pour chaque projet, de comparer les ressources financières investies, d'une part, et les revenus de cet investissement, d'autre part. Ces revenus peuvent être des « produits », dans le cas d'un investissement destiné à développer la production, ou des « économies de charges », dans le cas d'un investissement de productivité destiné à réduire les coûts de fabrication. Enfin, il faut pouvoir étendre l'analyse au cas d'un désinvestissement : dans le cas d'une restructuration, par exemple, les indemnités de licenciement à verser peuvent être assimilées à un investissement permettant « d'économiser des pertes ».

1.2. LES CRITÈRES EMPIRIQUES : TAUX DE RENTABILITÉ MOYEN ET DÉLAI DE RÉCUPÉRATION

Un certain nombre de critères empiriques très simples peuvent être utilisés, comme :

- le « taux de rentabilité annuel moyen » : un investissement de 100 va rapporter 10 par an ; le taux de rentabilité est de 10 %. Un investissement pourra être considéré comme rentable si le taux de rentabilité est supérieur à un taux de référence minimum, le taux moyen d'intérêt, par exemple ;

- le « délai de récupération » : si un investissement de 100 rapporte 20 par an, on aura « récupéré » l'investissement au bout de 5 ans, ce qui constitue le délai de récupération. Dans cette optique, un investissement sera jugé rentable si son délai de récupération est inférieur à « l'horizon de risque » accepté par l'entreprise.

Ces deux méthodes sont très fréquemment utilisées dans l'industrie. En particulier, le délai de récupération est souvent le seul critère utilisé, en limitant l'horizon à 2 ou 3 ans, ce qui permet d'éviter les risques dus à un environnement très incertain.

En fait, ces méthodes sont loin d'être satisfaisantes dans la mesure où un investissement produit ses effets sur plusieurs années : il faut donc raisonner non pas sur les valeurs nominales des flux financiers concernés, mais sur des valeurs corrigées par un calcul d'actualisation. Après avoir rappelé le principe de cette opération d'actualisation, nous retiendrons deux méthodes : celle de la valeur actualisée nette (VAN) et celle du taux de rentabilité interne (TRI).

1.3. LE PRINCIPE DE L'ACTUALISATION

On étudie, en mathématiques financières, le fait que 1 € disponible aujourd'hui n'a pas la même valeur que 1 € disponible dans 1 an ou dans 10 ans. Ainsi, pour qu'un épargnant accepte de prêter ou de placer son argent, il faut que l'emprunteur lui verse en plus, au moment du remboursement, un intérêt.

La notion de taux d'actualisation permet d'exprimer la relation d'équivalence entre des sommes disponibles à des dates différentes. Dans un environnement économique donné, la valeur du taux d'actualisation est reflétée par le taux d'intérêt, mais les deux notions sont différentes : il existe à un moment donné une dispersion des différents taux d'intérêt en fonction de la durée du prêt, du degré de risque, du fonctionnement général des marchés financiers : le taux d'intérêt est un prix qui dépend de l'offre et de la demande. Le taux d'actualisation, quant à lui, est un pur concept économique permettant de discriminer les bons des mauvais projets.

D'une façon simple, voire simpliste, nous dirons que le taux d'actualisation permet de caractériser un environnement économique, et qu'il dépend essentiellement du taux de croissance de l'économie et du taux d'inflation. ❭ Ainsi, si l'économie croît de 4 % par an et que le taux d'inflation est de 3 %, il faut qu'un investissement rapporte au moins 7 %, sinon il vaut mieux renoncer au projet et placer un capital que d'autres sauront mieux faire fructifier dans des secteurs plus dynamiques.

On peut également évoquer à ce sujet, pour comprendre l'intérêt du taux d'actualisation, la notion de coût d'opportunité.

D'un point de vue pratique, si i est le taux d'actualisation, 1 € disponible dans 1 an doit être actualisé pour une valeur de :

$$(1 + i)^{-1}$$

et, d'une manière générale, 1 € disponible dans n années doit être actualisé pour une valeur de :

$$(1 + i)^{-n}.$$

Il importe d'autre part de bien comprendre que les méthodes utilisant l'actualisation s'appliquent toujours sur les seuls flux de liquidités.

D'un point de vue plus théorique, et pour les sociétés cotées, on peut se référer par exemple au modèle financier du MEDAF (Modèle d'équilibre des actifs financiers) : le taux d'actualisation pertinent (correspondant au taux de rentabilité minimum attendu par un investisseur) est égal au taux minimum des placements sans risque plus une prime de risque qui dépend de la volatilité du titre par rapport au marché financier dans son ensemble. Le taux pertinent à appliquer dépend alors généralement du secteur considéré. Plus le secteur d'activité est risqué (activités cycliques par exemple), plus le taux est majoré d'une prime de risque importante.

1.4. LE CRITÈRE DE LA **VAN**

Le principe général de cette méthode est très simple : il faut comparer l'ensemble des dépenses et des recettes actualisées entraînées par la mise en œuvre du projet.

En pratique, on calcule, pour chaque période allant d'aujourd'hui jusqu'à un horizon correspondant à la durée de vie de l'investissement, le flux net de liquidités généré par cet investissement. On utilise également les expressions « rentrées nettes » ou « valeurs nettes » de trésorerie, ou bien encore l'expression anglo-saxonne « cash-flow ». Comme ces cash-flows sont ensuite actualisés, on obtient des « valeurs actualisées nettes » (« discounted cash-flows » en anglais), d'où le nom de la méthode.

Pour chaque période k, nous aurons :

$$\text{cash-flow}_k = \text{recettes}_k - \text{dépenses}_k$$
$$CF_k = R_k - D_k$$

Les dépenses peuvent être des dépenses d'investissement (c'est notamment le cas pour l'investissement initial pouvant être réalisé aujourd'hui, à la « période 0 »), mais aussi des dépenses d'exploitation (charges décaissables comme des consommations de matières premières ou des frais de personnel).

Les recettes peuvent être des recettes d'exploitation comme des ventes de produits ou des économies de charges, mais également des désinvestissements. Notons qu'en fin de vie du projet, si les actifs concernés ont une valeur résiduelle de revente, sur un marché d'occasion, par exemple, il faut compter cette valeur résiduelle comme une recette.

Par définition, la valeur actualisée nette globale associée au projet d'investissement est la somme actualisée de tous les cash-flows prévisionnels sur les n années de la durée de vie de l'investissement :

$$VAN = \sum_{k=0}^{N} CF_k (1+i)^{-k}$$

Si VAN › 0, on peut conclure que le projet est intéressant « en soi » : si on peut le financer, il faut envisager de le mettre en œuvre.

Si VAN ‹ 0, le projet n'est pas rentable : même si on a les moyens de le financer, il vaut mieux s'abstenir et, par exemple, placer le capital disponible sur le marché financier.

Par **EXEMPLE**

On projette un investissement de 200 000 €, pouvant être mis en œuvre immédiatement et permettant de fabriquer un nouveau produit pendant 5 ans, avec les recettes et les dépenses d'exploitation suivantes :

Années	Recettes	Dépenses
1	150 000	120 000
2	200 000	150 000
3	250 000	150 000
4	250 000	150 000
5	200 000	150 000

La valeur résiduelle de l'équipement, après ces 5 années, serait de 10 000 €, et le taux d'actualisation de 10 %.

On peut présenter les calculs nécessaires dans un tableau, comme l'indique le tableau 5.1 ci-dessous.

Tableau 5.1 – Tableau de calcul de la VAN

Période	Recettes	Dépenses	Cash-flow	Coefficient d'actualisation	Cash-flow actualisé
0	0	200 000	– 200 000	1	– 200 000
1	150 000	120 000	+ 30 000	0,91	+ 27 300
2	200 000	150 000	+ 50 000	0,83	+ 41 500
3	250 000	150 000	+ 100 000	0,75	+ 75 000
4	250 000	150 000	+ 100 000	0,68	+ 68 000
5	(1) 210 000	150 000	+ 60 000	0,62	+ 37 200
					VAN = + 49 000

(1) 210 000 = 200 000 + 10 000 de valeur résiduelle

Pour chaque période k, il faut calculer le coefficient d'actualisation :
$c_k = (1 + 0,1)^{-k}$.

Ainsi :

$c_0 = (1,1)^0 = 1$

$C_1 = (1,1)^{-1} = 0,91$

$c_2 = (1,1)^{-2} = 0,83$

etc.

La somme des cash-flows actualisés étant positive (+ 49 000 €), on peut en conclure que le projet est rentable et qu'il peut donc figurer dans le programme d'investissement, si toutefois on peut le financer.

1.5. LE CRITÈRE DU TRI

Peu utilisé dans la pratique, à cause des difficultés mathématiques et informatiques de mise en œuvre, la méthode du TRI présente l'avantage de pouvoir traiter de façon pertinente des cas dans lesquels l'application de la VAN peut mener à des conclusions non pertinentes.

Le taux de rentabilité interne associé à un investissement est, par définition, la valeur du taux d'actualisation r qu'il faut utiliser pour annuler la somme des rentrées nettes de trésorerie prévisionnelles, c'est-à-dire la valeur du taux d'actualisation qui donne une VAN nulle.

Le TRI r est donc solution de l'équation :

$$\sum_{k=0}^{N} CF_k(1+r)^{-k} = 0$$

Dans le cas général, cette somme des cash-flows actualisés est une fonction de r qui se comporte de la façon suivante :

▪ pour une valeur nulle du taux d'actualisation (ce qui revient à actualiser toutes les rentrées nettes avec le même coefficient d'actualisation égal à 1, donc en fait à ne pas actualiser), la fonction est égale à la somme des valeurs nominales, que l'on peut noter $\sum CF$, et qui, en général, est positive et assez élevée ;

▪ pour une valeur du taux d'actualisation tendant vers l'infini, la fonction tend asymptotiquement vers la valeur du cash-flow initial, que l'on peut noter CF_0, et qui, en général, est négative puisque correspondant aux débours de l'investissement initial.

La courbe de la VAN en fonction du taux d'actualisation est donc, en général, décroissante et « coupe » l'axe des abscisses en un point correspondant au TRI r, comme le montre la figure 5.1 suivante :

Figure 5.1 – Détermination du TRI dans le cas général

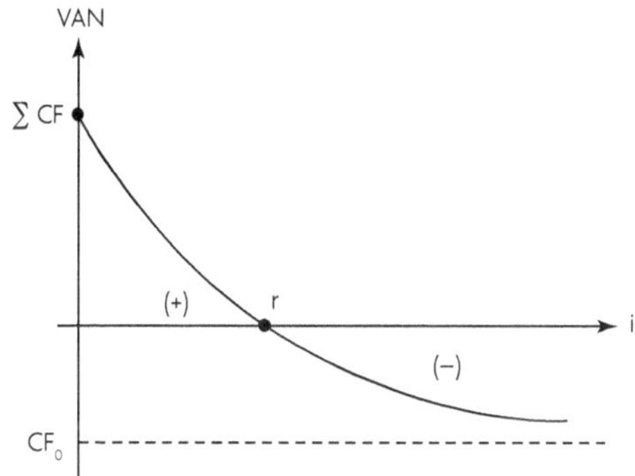

En pratique, pour calculer le TRI, on utilise habituellement un programme informatique de calcul itératif : on calcule la VAN pour des taux d'actualisation croissants de 1 %, 2 %, 3 %, etc., jusqu'à ce qu'on trouve une VAN négative.

On peut également faire un calcul par interpolation linéaire.

Dans cette optique, le critère de jugement de la rentabilité d'un projet d'investissement est le suivant, i étant le taux d'actualisation caractérisant l'environnement économique :

▪ si $r > i$, le projet est acceptable ;

▪ sinon, si $r < i$, le projet est jugé non rentable.

Notons que, jusqu'à présent, nous avons raisonné dans le cas général, qui correspond à un cash-flow initial CF_0 négatif et à une somme des cash-flows non actualisés CF positive. Dans ce cas, nous avons un TRI et un seul. Mais on peut très bien se trouver dans d'autres cas de figure, moins fréquents en pratique, pour lesquels la mise en œuvre du critère est plus délicate.

Par **EXEMPLE**

Dans certaines circonstances, on peut très bien avoir 2 taux r, ou au contraire aucun, ce qui amène à discuter la solution en fonction des différentes valeurs possibles du taux d'actualisation[1]. Par exemple, CF_0 peut très bien être non pas négatif, mais positif : c'est notamment le cas lorsqu'un projet impose un désinvestissement initial ou l'octroi préalable d'une subvention (pour un programme de recherche-développement, par exemple). Dans ce cas, il est possible d'obtenir une courbe faisant apparaître deux taux r_1 et r_2 comme le montre la figure 5.2.

Figure 5.2 – Cas où CF_0 est positif

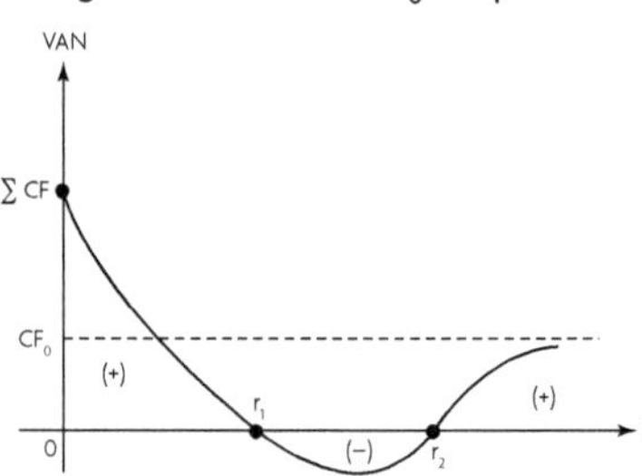

Dans ce cas, on voit par exemple que si $r_1 < i < r_2$, le projet n'est pas rentable, et l'existence de cette « fenêtre » peut fortement accroître le risque associé au projet.

De même, Σ CF peut être non pas positif, mais négatif, quand l'arrêt de l'exploitation entraînera des charges importantes, comme la remise en état du site après l'exploitation d'un gisement ou d'une carrière, ou le démantèlement d'une centrale nucléaire. On peut avoir dans ce cas une courbe du type de celle présentée par la figure 5.3.

Figure 5.3 – Cas où Σ CF est négatif

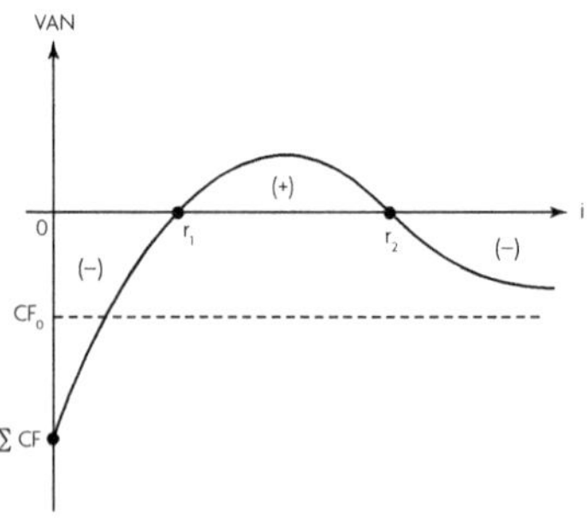

---

1. Pour ce problème, on pourra par exemple se reporter à l'article classique de R. Le Lann et P. Royer : « Taux multiples de rentabilité interne : concepts et utilisation pratique », *Revue analyse financière*, 3e trimestre 1977.

> **•••**
>
> Dans ce cas de figure, l'investissement n'est rentable que si le taux d'actualisation i est compris dans l'intervalle $[r_1, r_2]$: là encore, le risque est très élevé car une mauvaise anticipation du taux d'actualisation pertinent peut entraîner une erreur d'appréciation désastreuse. Il peut également n'y avoir aucun TRI.

1.6. Le choix entre deux projets alternatifs

Dans bien des cas, un même investissement peut être réalisé selon des modalités différentes. Par exemple, on peut avoir le choix entre deux technologies différentes, entraînant une structure différente des coûts de fonctionnement.

Dans la plupart des cas, les deux critères de la VAN et du TRI donnent le même résultat, et on retient le projet qui donne à la fois la VAN la plus élevée et le TRI le plus élevé. Par exemple, la figure 5.4 suivante présente la situation dans laquelle le projet B est sans ambiguïté préférable au projet A, dans la mesure où :

- $VAN_b > VAN_a$ d'une part,
- et $r_b > r_a$ d'autre part.

On obtient :

Figure 5.4 – Cas de convergence des deux critères

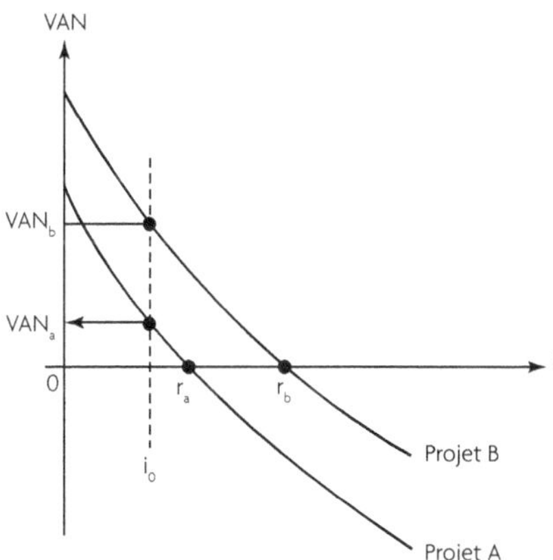

Mais il se peut très bien, dans certains cas, que l'application des deux critères ne donne pas le même résultat, comme le montre la figure 5.5.

Dans ce cas, on voit que pour un taux d'actualisation faible, inférieur à un certain taux « pivot » ou d'« indifférence » p, le critère de la VAN conduit à choisir le projet B, alors que le critère du TRI conduirait à choisir le projet A. Ceci montre encore une fois l'importance du risque associé à ces problèmes de choix d'investissement et le rôle déterminant du taux d'actualisation retenu.

Figure 5.5 – Cas de contradiction entre les deux critères

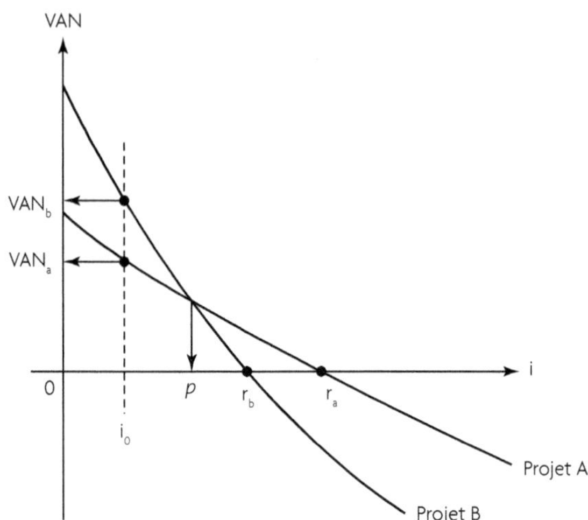

2. La sélection du programme d'investissement

Ce n'est pas parce qu'un projet est jugé « rentable » qu'il va nécessairement être mis en œuvre : encore faut-il avoir les moyens de le financer. Autrement dit, on peut être amené à renoncer à un investissement, tout du moins dans l'immédiat : certains investissements doivent ainsi être différés dans le temps ou répartis sur plusieurs exercices budgétaires.

Dans ce contexte, la procédure d'établissement du budget des investissements est indissociable d'une planification pluriannuelle. Cette procédure de « capital budgeting » impose :

- ■ dans un premier temps, de classer les différents projets afin d'expliciter les priorités ;

- ■ dans un second temps, de fixer le programme annuel d'investissement en fonction de l'enveloppe de ressources financières disponibles ou mobilisables.

2.1. LA PROCÉDURE DE CLASSEMENT DES PROJETS

Notons tout d'abord que certains investissements peuvent être décidés en dehors de toutes considérations financières directement mesurables. Ainsi, certains investissements antipollution peuvent être imposés par l'évolution de la législation, ou certains investissements « sociaux » (comme l'installation d'une crèche pour les enfants du personnel) peuvent être décidés en fonction de considérations de politique générale indépendamment de tous calculs de rentabilité à court terme.

Mais pour les investissements concernant directement l'activité industrielle et commerciale de l'entreprise, le principe devrait toujours être le suivant : il faut financer en priorité les investissements ayant le meilleur retour, la meilleure rentabilité.

On peut ainsi classer les différents projets par ordre décroissant de VAN par euro investi.

Par EXEMPLE

Supposons que les services financiers aient sélectionné trois projets : parmi tous les projets proposés par les différentes unités de l'entreprise, seuls ces trois projets présentent une VAN positive. Tous les autres ont donc déjà été éliminés d'office au cours de la phase antérieure d'analyse.

Ces trois projets peuvent être résumés de la façon suivante :

Projet	Investissement nécessaire	VAN	Rapport VAN/ investissement
P_1	i_1	VAN_1	r_i
P_2	i_2	VAN_2	r_2
P_3	i_3	VAN_3	r_3

Chaque projet P_i peut être représenté par un vecteur dans un repère orthonormé de la façon suivante (figure 5.6) :

Figure 5.6 – Représentation vectorielle d'un projet

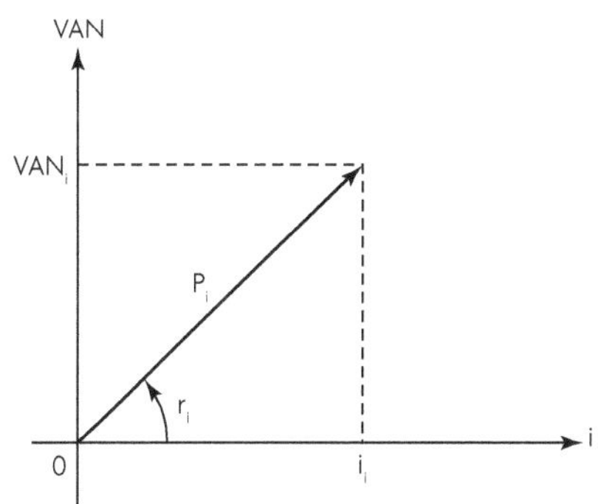

●●●

Supposons que nos trois projets sélectionnés, parce que rentables *a priori*, se présentent comme l'indique la figure 5.7.

Nous sommes ici dans un cas de figure dans lequel, par hypothèse, nous avons : $r_2 < r_3 < r_1$.

Cela signifie qu'il faut financer en priorité le projet P_1, puis le projet P_3, et enfin le projet P_2 s'il reste des ressources financières.

Figure 5.7 – Représentation des trois projets

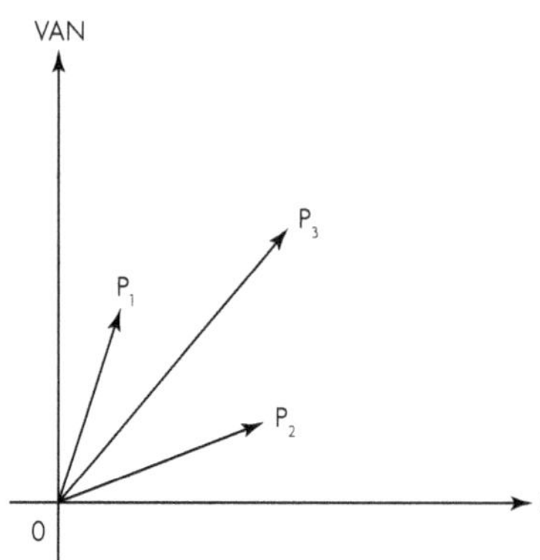

2.2. L'EXERCICE DU CHOIX SOUS CONTRAINTE FINANCIÈRE

Les ressources financières de l'entreprise ne sont pas infinies : elles se limitent à une enveloppe globale *E* que l'on peut évaluer et qui comporte essentiellement trois grandes composantes :

■ les ressources d'autofinancement, générées par l'exploitation ;

■ les possibilités d'emprunt, qui dépendent de la structure d'endettement déjà atteinte et des possibilités de remboursement ;

■ les possibilités d'apport en fonds propres (augmentation de capital, par exemple), qui dépendent en général de la politique financière menée antérieurement vis-à-vis des actionnaires (politique de distribution des dividendes essentiellement).

Si on construit la somme vectorielle des investissements souhaitables, retenus dans l'ordre des priorités décroissantes, l'enveloppe *E* agit comme un « couperet » permettant de voir quels sont les projets qui vont devoir être abandonnés ou différés, comme l'indique la figure 5.8.

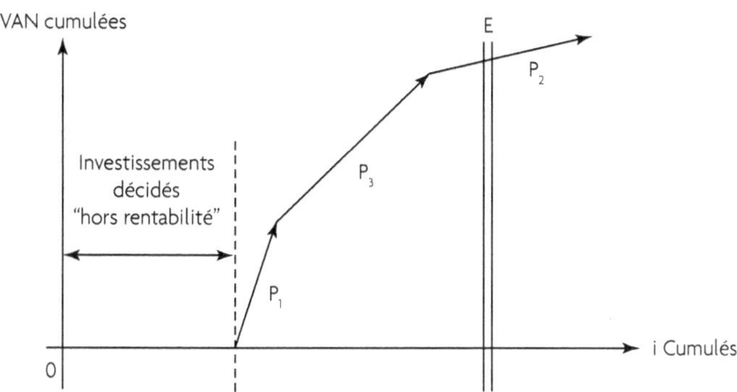

Figure 5.8 – Prise en compte de l'enveloppe E

Ici, on voit qu'il n'est pas possible d'envisager la mise en œuvre du projet P_2. On programmera donc (en plus des investissements décidés « hors rentabilité ») uniquement les investissements P_1 et P_3.

3. L'établissement du plan de financement

3.1. L'ÉQUILIBRAGE FINANCIER DE CHAQUE PROJET

Certaines ressources de financement sont liées spécifiquement à certains projets :

- un projet immobilier peut faire l'objet d'un crédit hypothécaire ;
- l'achat d'une machine peut donner lieu à un nantissement ;
- des subventions peuvent être accordées pour un projet créateur d'emploi ;
- etc.

Il faut donc étudier l'équilibre financier de chaque projet, en repérant les contraintes, les possibilités de financement spécifiques et le besoin de financement résiduel.

❭ Ainsi, un investissement immobilier pouvant être financé à 80 % par un crédit assorti d'une hypothèque peut nécessiter un apport résiduel de fonds propres pour les 20 % restants.

❭ En revanche, pour un projet de développement industriel pour lequel on dispose d'une possibilité d'autofinancement, c'est le recours à l'emprunt qui peut être calculé de façon résiduelle.

Il est possible que l'on dispose d'une marge de manœuvre, si, par exemple, on a le choix entre plusieurs possibilités de financement. Dans ce cas, il faut recourir en priorité au mode de financement le moins coûteux, dans la limite du respect des contraintes globales entraînées par la programmation simultanée de plusieurs projets. Ainsi, si plusieurs projets font apparaître la nécessité résiduelle de recourir à l'emprunt, il faut vérifier que la somme des besoins ne dépasse pas la capacité globale d'emprunt permise par le ratio d'endettement. Dans la plupart des cas, cela implique, en pratique, la nécessité de passer par une phase de recherche, par tâtonnement itératif, d'un équilibre global qui peut rétroagir sur l'équilibre retenu pour chaque projet.

3.2. L'INTÉGRATION DU PROGRAMME DANS LE PLAN PLURIANNUEL GLISSANT

La difficulté principale dans l'établissement du plan d'investissement vient de ce que la mise en œuvre de chaque projet se déroule rarement sur un seul exercice budgétaire, mais sur plusieurs : les travaux peuvent être effectués en plusieurs tranches, et on peut prévoir une montée en puissance entraînant des appels progressifs de besoin en fonds de roulement. Il faut donc faire entrer le programme dans un plan pluriannuel, en intégrant les effets des décisions d'investissement déjà prises les années précédentes. Il faut, en fait, revoir chaque année le plan d'investissement et le plan de financement, en s'assurant de l'équilibre financier pour chacune des périodes. Cela explique le terme de plan « glissant » qui est souvent employé pour caractériser cette procédure.

En général, on obtient finalement un document prévisionnel pluriannuel ayant la structure indiquée par le tableau 5.2.

Tableau 5.2 – Exemple de plan pluriannuel

Éléments	N + 1	N + 2	N + 3
Investissements	200 000	300 000	...
Variation du BFR	50 000	100 000	
Remboursement d'emprunts	20 000	30 000	
...			
Total des besoins	270 000	430 000	
Autofinancement	50 000	100 000	
Apports en fonds propres	100 000	50 000	
Emprunts	120 000	280 000	
...			
Total des ressources	270 000	430 000	

Là encore, l'équilibrage du plan pluriannuel ne peut se faire que de manière itérative, avec remise en cause éventuelle de l'opportunité de la mise en œuvre d'un projet en cas de difficultés.

Étude de cas **10**
Société Coresto

La société Coresto est spécialisée dans la restauration collective : elle livre chaque jour des dizaines de milliers de repas chauds en Europe, à partir d'une quinzaine de « centres de production » organisés de façon industrielle. Ses principaux clients sont des cantines scolaires, des établissements hospitaliers et des restaurants d'entreprises.

L'un des centres de production est situé dans la banlieue de Grenammer, ville où se dérouleront dans quatre ans les Jeux olympiques. La ville de Grenammer va donc devenir un gigantesque chantier avec plusieurs milliers d'ouvriers du bâtiment qu'il va falloir nourrir. Pour saisir cette opportunité, la société Coresto a l'intention d'investir.

Le service marketing, après avoir prospecté les clients du secteur du BTP, a établi les prévisions suivantes, en nombre de repas à préparer par jour ouvrable :

– pour l'année N + 1 : 2 000 ;
– pour l'année N + 2 : 4 000 ;
– pour l'année N + 3 : 4 000.

On retient comme hypothèse une activité moyenne de 20 jours par mois, sur 12 mois.

Ensuite, grâce au développement économique induit par les événements, la demande se stabiliserait à 1 500 repas par jour.

Les services techniques estiment qu'il faudrait, dès maintenant (pendant l'année N), construire un nouvel outil de production dont le coût serait le suivant :

– constructions : 800 000 ;
– matériels de cuisine et de transport : 400 000.

Le prix de vente d'un repas est de 10 €, les charges variables unitaires sont de 8 € par repas, et il faut prévoir un montant annuel de 400 000 € de frais fixes. Les constructions sont amortissables linéairement sur 20 ans, le matériel sur 5 et on suppose, pour simplifier, que le taux d'imposition des bénéfices est de 50 %.

Il n'y a pas d'inflation et le taux de croissance de l'économie est de 8 % pour la période considérée : on peut donc retenir un taux d'actualisation de 8 %.

Que pensez-vous de ce projet à l'horizon N + 5 ?

A. Calcul de la dotation annuelle aux comptes d'amortissement :

– constructions : 800 000/20 = 40 000 ;
– matériels : 400 000/5 = 80 000 ;
– total : 120 000.

B. Calcul des résultats et des cash-flows prévisionnels (en milliers d'euros) :

Années	N + 1	N + 2	N + 3	N + 4	N + 5
Ventes	4 800[1]	9 600	9 600	3 600	3 600
Charges variables	3 840[2]	7 680	7 680	2 880	2 880
Marge sur coûts variables	960	1 920	1 920	720	720
Amortissements	120	120	120	120	120
Autres frais fixes	400	400	400	400	400
Résultat avant impôt	440[3]	1 400	1 400	200	200
Impôt	220	700	700	100	100
Cash-flow	340[4]	820	820	220	220

(1) 4 800 000 = 2 000 × 20 × 12 × 10.

(2) 3 840 000 = 2 000 × 20 × 12 × 8.

(3) 440 000 = 960 000 − (120 000 + 400 000).

(4) 340 000 = (440 000 − 220 000) + 120 000.

C. Calcul des coefficients d'actualisation :
− 1/(1,08) = 0,926 ;
− 1/(1,08)^2 = 0,857 ;
− etc.

D. Tableau d'actualisation des cash-flows (en milliers d'euros) :

Période	Cash-flow	Coefficient	Cash-flow actualisé	Cumul des cash-flows actualisés
0	− 1 200	1	− 1 200	− 1 200
1	+ 340	0,926	+ 315	− 885
2	+ 820	0,857	+ 703	− 182
3	+ 820	0,794	+ 651	+ 469
4	+ 220	0,735	+ 162	+ 631
5	+ 220	0,681	+ 150	+ 781
6	...			

E. Interprétation

On voit que, dès la troisième année, la VAN est positive, même sans tenir compte d'une éventuelle valeur résiduelle des actifs ; on peut donc en conclure que le projet est rentable et qu'il peut entrer dans le programme d'investissement.

Étude de cas **11**
Société Graviers et granulats de Gascogne

La société Graviers et granulats de Gascogne (GGG) extrait et concasse des matériaux alluvionnaires ou provenant de roches massives, destinés au génie civil, notamment pour la construction des routes et des voies ferrées. Elle prépare actuellement sa réponse à un appel d'offres concernant la fourniture de 24 000 tonnes par an sur 2 ans (en N + 1 et en N + 2) de granulats destinés à la construction d'un tronçon d'une nouvelle ligne TGV. Elle envisage de soumissionner au prix de 100 € HT la tonne.

Le coût des granulats rendus chantier, après transport par camions, double généralement tous les 50 kilomètres. La GGG doit donc ouvrir une nouvelle carrière à proximité raisonnable du lieu de construction.

Les contraintes environnementales dans le domaine de l'exploitation des carrières sont strictement réglementées. Après extraction, pour ne pas défigurer les paysages, l'exploitant doit remodeler le site et, dans certaines zones, replanter des arbres. Une caution bancaire est même exigée pour éviter qu'un carrier faisant faillite ne puisse remplir cet engagement. Dans le cas présent, le coût des travaux de réhabilitation, qui auront lieu après les deux années d'exploitation, donc en N + 3, est estimé à 840 000 €.

Un accord a été trouvé avec le propriétaire du terrain qui recevrait une indemnité de 400 000 € dès le début de l'exploitation.

L'exploitation annuelle générerait 1 200 000 € de charges variables (explosifs et frais de transport principalement) et 800 000 € de charges fixes, dont 200 000 d'amortissement du matériel dédié à l'opération mais déjà acquis.

On retient un taux d'actualisation de 10 %, calculé très empiriquement en faisant la somme des deux taux caractéristiques de l'environnement économique : 6 % de croissance et 4 % d'inflation.

Question 1. Que pensez-vous de la rentabilité de ce projet ?

Pour répondre à cette question, on peut utiliser par exemple le critère de la valeur actualisée nette (VAN), à partir d'un tableau prévisionnel des recettes et des dépenses.

Conventionnellement, le paiement de l'indemnité au propriétaire est effectué en « période 0 » (début N + 1), les cash-flows dégagés par l'exploitation en périodes 1 et 2 (fin N + 1 et fin N + 2), et les travaux de réhabilitation en période 3 (fin N + 3).

Les recettes en N + 1 et N + 2 sont de 24 000 × 100 = 2 400 000, et les dépenses de 1 200 000 + (800 000 – 200 000) = 1 800 000 (les amortissements ne sont pas décaissés).

Période	Recettes	Dépenses	Flux net	Coefficient	Flux net actualisé
0	0	400 000	(–) 400 000	1	(–) 400 000
1	2 400 000	1 800 000	+ 600 000	0,909	+ 545 400
2	2 400 000	1 800 000	+ 600 000	0,826	+ 495 600
3	0	840 000	(–) 840 000	0,751	(–) 630 840
VAN :					$\sum$ = + 10 160

La VAN est positive, donc le projet peut être considéré comme étant rentable. Mais on peut remarquer que la valeur est très faible par rapport aux recettes. Comme le calcul repose sur des prévisions par nature très imparfaites et des hypothèses très simplificatrices, il faut prendre le résultat numérique avec beaucoup de prudence. C'est un projet finalement très risqué.

***

On effectue d'autres calculs de la VAN en prenant d'autres valeurs du taux d'actualisation. On obtient le tableau suivant :

Taux d'actualisation	VAN
0 %	(–) 40 000
5 %	(–) 10 360
15 %	+ 22 880
20 %	+ 29 840
30 %	+34 400
60 %	+ 4 640
70 %	(–) 10 960

Question 2. Si l'on continue à calculer d'autres valeurs de la VAN avec des valeurs de plus en plus grandes du taux d'actualisation, vers quelle limite va tendre la VAN ? Dans quel contexte économique ce genre de calcul peut-il avoir un sens ? Commentez la situation.

Si l'on fait tendre vers l'infini le taux d'actualisation, les coefficients d'actualisation vont tendre vers zéro, sauf pour la période zéro pour laquelle le coefficient est toujours 1 quel que soit le taux d'actualisation. La somme algébrique des flux nets actualisés tend dans ce cas vers le seul flux de la première ligne (période 0), donc ici vers (–) 400 000.

D'un point de vue économique, ceci peut correspondre par exemple à un contexte très particulier, quand on anticipe une hyperinflation. Ce n'est pas un cas d'école : les grandes sociétés du BTP qui ont des filiales à l'étranger, donc éventuellement dans des pays avec une inflation à 2 chiffres, sont souvent confrontées au problème.

Nous sommes ici dans un cas très particulier, très différent de la situation classique. Habituellement, le cash-flow initial, correspondant à un investissement initial, est négatif (c'est le cas ici, le cash-flow de la période 0 étant égal à (–) 400 000, montant à verser au propriétaire pour ouvrir la carrière), mais la somme des cash-flows non actualisés (ou actualisés au taux 0, ce qui revient au même) est positive. La fonction de la VAN en fonction du taux d'actualisation est alors une fonction strictement décroissante, qui s'annule nécessairement pour une valeur unique du taux d'actualisation correspondant au TRI (Taux de rentabilité interne) caractéristique du projet. Un projet est alors rentable si le TRI est supérieur au taux d'actualisation pertinent.

Ici, la somme des cash-flows non actualisés est non pas positive, mais *négative*. La VAN n'est donc pas nécessairement une fonction strictement décroissante, et il peut ne pas y avoir de TRI, ou au contraire plusieurs, et l'interprétation est plus délicate. Ici, nous avons *deux* taux de rentabilité interne. En effet, pour un taux nul, la VAN est négative et vaut (–) 40 000. Si l'on augmente le taux, la VAN va commencer par être croissante et s'annuler pour une première valeur TRI 1 ; elle va devenir positive, passer par un maximum, puis décroître pour s'annuler à nouveau (TRI 2), et tendre asymptotiquement vers (–) 400 000.

Il y a donc une « fenêtre de rentabilité » (ou une « fourchette ») entre les taux TRI 1 et TRI 2.

TRI 1 peut être calculé par interpolation linéaire entre 5 et 10 %.

À 5 %, la VAN vaut (–) 10 360, et à 10 % (première question) elle vaut + 10 160.

Le TRI recherché vaut 5 + x (en %).

Nous avons :

$$x/10\ 360 = (5 - x)/10\ 160$$

$$d'où\ 10\ 160\ x = (5 - x)\ (10\ 360)$$

$$(10\ 160 + 10\ 360)\ x = 51\ 800$$

$$x = 51\ 800/20\ 520 = 2,524$$

On arrondit TRI 1 à : 5 + 2,5 = 7,5 %.

De la même façon, on pourrait calculer TRI 2 = 63 %.

On pourrait également calculer que la VAN passe par un maximum pour un taux d'actualisation égal à 28 %.

On remarquera que le taux pertinent de 10 % utilisé dans la première question est bien compris dans la fenêtre comprise entre 7,5 et 63 %, ce qui explique que l'on avait alors trouvé une VAN positive.

En retenant le taux d'actualisation de 10 %, on suppose implicitement que les conditions actuelles (croissance et inflation) vont perdurer à moyen terme. Mais si la conjoncture se détériore, que la croissance tombe à 3 % et l'inflation à 2 %, on peut très bien sortir de la fenêtre « par le bas », le projet cessant d'être rentable.

Si la croissance se maintient mais si l'inflation s'accélère, le taux de 10 % sera trop faible, et plus on se rapprochera de 28 % plus l'entreprise pourrait bénéficier de l'inflation. Par contre, si l'inflation échappait à tout contrôle, si l'environnement devenait hyperinflationniste, on pourrait également sortir de la fenêtre, cette fois-ci « par le haut », et le contrat pourrait devenir non rentable.

Un peu d'inflation, oui ; beaucoup, non merci…

Le cas illustre l'intérêt de disposer de données prévisionnelles pour pouvoir faire des simulations de cash-flows et étudier la rentabilité prévisionnelle des projets dans différentes conditions économiques.

Chapitre 6

Le budget de trésorerie et les comptes prévisionnels

l'ESSENTIEL

Le budget des encaissements et le budget des décaissements sont intégrés dans un budget général de trésorerie, permettant de simuler l'évolution de la trésorerie.

Le programme d'activité résulte d'une démarche itérative en liaison avec la gestion prévisionnelle de trésorerie : l'objectif est de gommer les découverts prévisionnels (qui génèrent des agios), mais aussi les excédents (traduisant un manque à gagner si l'argent n'est pas placé).

La démarche prévisionnelle débouche sur le compte de résultat prévisionnel et sur le bilan prévisionnel, permettant de voir où l'on va financièrement.

Le budget de trésorerie synthétise les effets financiers de la mise en œuvre de tous les autres budgets. Son établissement représente souvent « l'épreuve de vérité » pour le gestionnaire : c'est à cette occasion que l'on peut tester le réalisme et la faisabilité des programmes d'activité. Dans cette optique, le budget de trésorerie constitue l'instrument de simulation par excellence : il permet de voir « si ça passe ou si ça casse »...

D'un point de vue pratique, l'établissement du budget de trésorerie suppose quatre grandes étapes :

- ■ établissement du budget des encaissements ;
- ■ établissement du budget annexe de TVA ;
- ■ établissement du budget des décaissements ;
- ■ établissement du budget général de trésorerie.

Ces différentes étapes peuvent être parcourues plusieurs fois, de façon itérative, avec effet de rétroaction sur les actions programmées en amont.

À **SAVOIR**

Du fait des décalages dans le temps entre engagements et règlements, c'est à l'occasion de l'établissement du budget de trésorerie que l'on peut valoriser certains postes du bilan prévisionnel, qui avec le compte de résultat prévisionnel vient « boucler » la démarche budgétaire.

1. Le budget des encaissements

Le budget des encaissements se présente en général comme un tableau à double entrée, avec les périodes en colonne (les mois le plus souvent), et les différents types d'encaissement en ligne.

On prévoit le plus souvent une colonne supplémentaire, intitulée par exemple « éléments devant figurer au bilan prévisionnel », pour obtenir en sous-produit du budget de trésorerie la valorisation des créances à court terme qui vont devoir figurer à l'actif de ce bilan prévisionnel. Ces créances proviennent du décalage dans le temps pouvant exister entre les opérations commerciales et leur règlement, comme dans le cas, par exemple, des ventes à crédit.

Par **EXEMPLE**

Supposons que certaines ventes se fassent au comptant, et d'autres avec un mois de crédit.

Les ventes au comptant d'un mois déterminé sont encaissées dans le mois : il n'y a pas de décalage. Par contre, pour les ventes à crédit, il y a un décalage d'un mois, avec les conséquences suivantes :

– en janvier, on encaissera le montant des créances clients qui figurent au bilan initial (fin de la période N, début de la période budgétaire N + 1, avec bien entendu comme hypothèse dans cet exemple la concordance de l'exercice comptable et budgétaire avec l'année civile) ;

> •••
> – en février, on encaissera les ventes de janvier ;
>
> – en décembre, on encaissera les ventes de novembre ;
>
> – fin décembre, les ventes de décembre seront en compte « clients » au bilan pré-visionnel.

Pour la présentation du budget des encaissements, on distingue, en ligne habituellement, deux catégories d'encaissements :

■ *les encaissements directement liés à l'exploitation*, en distinguant les ventes au comptant des ventes à crédit, et en prévoyant les lignes néces-saires pour distinguer les différents modes de règlement et d'échéance afin de faciliter l'application des décalages ;

■ *les autres encaissements, encore appelés encaissements hors exploita-tion*, faisant l'objet de décisions ou de prévisions financières spécifiques : emprunts, cessions d'actifs, apports en fonds propres, etc.

Le tableau 6.1 ci-dessous présente un modèle de la structure d'un tel bud-get des encaissements, avec l'hypothèse d'un décalage d'un mois pour les ventes à crédit.

Tableau 6.1 – Budget des encaissements pour N + 1

Éléments	Janvier N + 1	Février N + 1	...	Décembre N + 1	Éléments du bilan prévisionnel à fin N + 1
Encaissements directement liés à l'exploitation :					
– ventes au comptant	V janv.			V déc.	
– ventes à crédit	CCn	VAC janv.		VAC nov.	VAC déc. « Clients »
– ...					
Autres encaissements :					
– emprunts					
– cessions d'actif					
– ...					
Total des encaissements					
V janv. = Ventes au comptant de janvier encaissées le mois même.					
V déc. = Ventes au comptant de décembre encaissées le mois même.					
CCn = Créances clients au bilan à fin n.					
VAC janv. = Ventes à crédit de janvier encaissées en février.					
VAC nov. = Ventes à crédit de novembre encaissées en décembre.					
VAC déc. = Ventes à crédit de décembre constituant le poste de créances clients CCn + 1 au bilan prévisionnel à fin N + 1.					

Notons que ce sont les recettes liées aux ventes qui figurent dans ce budget, c'est-à-dire les ventes TTC (toutes taxes comprises) incluant donc la TVA.

2. Le budget annexe de la TVA à décaisser

Du fait de la relative complexité des règles fiscales en matière de déductibilité de la TVA, il est préférable, en pratique, d'établir ce budget annexe afin de chiffrer la TVA à décaisser mensuellement qui sera ensuite reprise dans le budget des décaissements étudié dans le paragraphe suivant.

Rappelons tout d'abord qu'en matière de TVA, c'est l'entreprise qui assure pour le compte de l'administration fiscale la collecte de cet impôt indirect. En effet, l'entreprise facture à ses clients de la TVA sur le montant de son chiffre d'affaires. Le client règle donc le montant de la facture TTC et l'entreprise porte cette « TVA collectée sur ventes » au crédit du compte 4457.

Par ailleurs, l'entreprise acquitte auprès de ses propres fournisseurs des factures également TTC et décaisse donc, en plus de ses achats, de la TVA. Sous certaines conditions, cette TVA représente une créance déductible portée au débit d'un compte 4456, « TVA déductible ».

Périodiquement, en principe tous les mois, l'entreprise établit sa déclaration de chiffre d'affaires et calcule à cet effet le montant de la TVA à reverser à l'État en retranchant la TVA déductible de la TVA collectée : on obtient la « TVA à décaisser », compte 4455, dont le solde est versé au fisc dans le courant du mois suivant.

Pendant de nombreuses années, la déductibilité de la TVA sur les achats de biens et services obéissait à la règle du « décalage d'un mois » : pour le calcul de la TVA à décaisser au titre du mois M, on déduisait la TVA sur les achats facturés en $M - 1$ (et sur les services réglés en $M - 1$). Ces décalages avaient évidemment un effet négatif sur la trésorerie des entreprises, qui revendiquaient leur suppression. Par ailleurs, ce décalage n'était pas pratiqué chez nos partenaires de l'Union européenne : dans une perspective d'harmonisation, il devait normalement être appelé à disparaître. La loi de finances rectificative pour 1993 est venue supprimer ce décalage.

On obtient ainsi la relation suivante :

TVA à décaisser au titre du mois M
(et décaissée effectivement courant $M + 1$)
= TVA collectée sur les ventes du mois M
– TVA déductible sur les achats de M
– TVA déductible sur les immobilisations acquises en M

Le tableau 6.2 présente un modèle du budget de TVA obtenu.

Notons que, du fait du décaissement en M + 1, on obtient en sous-produit un poste important du passif du bilan prévisionnel, la TVA à décaisser au titre de décembre, qui donnera lieu à un règlement courant janvier N + 2.

Tableau 6.2 – Modèle du budget de TVA obtenu

Éléments	Décembre N	Janvier N + 1	Février N + 1	...	Novembre N + 1	Décembre N + 1	Éléments figurant au bilan prévisionnel
TVA collectée sur les ventes du mois (compte 4457)	900	1 000			1 200	1 400	
TVA déductible sur les achats facturés dans le mois	300	350			500	550	
TVA déductible sur les services réglés dans le mois	200	250			400	450	
TVA déductible sur les immobilisations acquises dans le mois	50	100			20	200	
TVA à décaisser		350[1]	300[2]			280[3]	TVA à décaisser 200[4] (4455)
(1) 350 = 900 − 300 − 200 − 50.							
(2) 300 = 1 000 − 350 − 250 − 100.							
(3) 280 = 1 200 − 500 − 400 − 20.							
(4) 200 = 1 400 − 550 − 450 − 200.							

3. Le budget des décaissements

Il présente la même structure que les tableaux précédents, avec les mois en colonne et les différents décaissements en ligne.

Une colonne supplémentaire permet de recenser certains postes de dettes à court terme du bilan prévisionnel, notamment le poste Fournisseurs et les comptes des organismes auxquels sont versées les charges sociales. L'existence de ces postes est encore une fois liée au décalage dans le temps des paiements.

En ligne, on distingue habituellement :

▪ les décaissements liés directement à l'exploitation (achats, salaires, etc.) ;

■ les autres décaissements hors exploitation (investissements, rembour-sements d'emprunt, paiement de dividendes, etc.).

Notons qu'à ce stade plusieurs remarques s'imposent si on veut éviter quelques erreurs classiques :

■ les décaissements s'entendent TTC ;

■ les dotations aux comptes d'amortissement ou de provisions n'entraî-nent pas de décaissements ;

■ il importe de ne pas oublier la TVA à décaisser, ni les flux de trésorerie liés au paiement de l'impôt sur les sociétés : acomptes provisionnels en mars, juin, septembre et décembre, et liquidation du solde en avril.

Le tableau 6.3 schématise ces différents éléments.

Tableau 6.3 – Budget des décaissements en N + 1

Éléments	Janvier N + 1	...	Décembre N + 1	Éléments du bilan prévisionnel à fin N + 1
Décaissements directement liés à l'exploitation :				
– achats				Exemple : « Fournisseurs »
– charges externes				
– salaires				
– etc.				
– impôt sur les sociétés				
– TVA à décaisser				
Autres décaissements :				
– investissements				
– dividendes				
– etc.				
Total des décaissements				

4. Le budget général de trésorerie

Ce dernier document permet de centraliser les encaissements et les décais-sements, et d'obtenir une simulation de l'évolution du solde de trésorerie en fin de mois.

Il est possible de présenter ce budget de deux manières différentes, faisant apparaître ou non la variation mensuelle de trésorerie. Ceci peut être illustré par l'exemple suivant, en partant de l'hypothèse d'une trésorerie initiale début N + 1 de 50.

Suivant la première manière, indiquée par le tableau 6.4, on calcule les variations, puis on effectue les cumuls.

Tableau 6.4 – Budget général par le cumul des variations mensuelles

Éléments	Janvier N + 1	Février N + 1	...	Décembre N + 1
Encaissements (–)	1 000	1 300		
Décaissements (=)	900	1 100		
Variation de la trésorerie	+ 100	+ 200		
Trésorerie finale	+ 150	+ 350		

Notons que, dans ce cas, la trésorerie finale est obtenue par le cumul de la trésorerie initiale et des variations.

Suivant la seconde manière, la trésorerie finale du mois M est reportée en trésorerie initiale du mois M + 1, comme l'indique le tableau 6.5.

Tableau 6.5 – Budget général avec report de la trésorerie finale

Éléments	Janvier N + 1	Février N + 1	...	Décembre N + 1
Trésorerie initiale (+)	50	150		
Encaissements (=)	1 000	1 300		
Disponible (–)	1 050	1 450		
Décaissements	900	1 100		
Trésorerie finale	150	350		

Notons que dans la phase de « tâtonnement itératif » que nous allons évoquer dans le paragraphe suivant, on utilise en principe la première méthode. Puis, pour présenter le budget définitif, on utilise plutôt la seconde.

5. Établissement par itérations du budget définitif

On peut être amené à établir plusieurs budgets successifs afin de corriger une évolution non souhaitable de la trésorerie.

En gestion financière, l'objectif est de tendre vers une « trésorerie zéro », en évitant à la fois les excédents de trésorerie (car dans ce cas il y a un manque à gagner du fait de cet argent « oisif » qui pourrait rapporter des produits financiers s'il était placé), et les déficits (car dans ce cas il faudra payer des frais financiers sur les découverts bancaires ; on risque même, à la limite, une cessation de paiements pouvant mener à une faillite).

À partir d'un projet de budget, on va donc étudier la possibilité de lisser ou de gommer les excédents et les déficits prévisionnels en envisageant certaines décisions correctrices, du type :

- différer certaines dépenses prévues initialement ;
- recourir à l'escompte ;
- vendre des actifs ;
- placer des liquidités ;
- emprunter ;
- etc.

Ce processus illustre parfaitement la nature itérative du processus budgétaire. Il peut entraîner la remise en cause de certaines options prises en amont concernant l'activité des différents services ainsi que les montants des charges ou des produits financiers, jusqu'à ce qu'on arrive à un budget jugé acceptable.

6. Les comptes prévisionnels

6.1. LE COMPTE DE RÉSULTAT PRÉVISIONNEL

Son établissement nécessite la centralisation et la sommation des charges et des produits par nature (au sens de la comptabilité générale) prévus dans les différents budgets, en particulier les budgets fonctionnels.

Ainsi, des charges de personnel sont prévues dans les budgets de production, de commercialisation, d'approvisionnement, et dans les budgets concernant les services généraux, services administratifs, par exemple. Il est nécessaire de les sommer pour évaluer le compte 64 du compte de résultat prévisionnel.

Certaines charges prévisionnelles, comme les charges financières, peuvent dépendre principalement des budgets financiers : investissement, financement et trésorerie.

L'établissement du compte de résultat prévisionnel permet d'évaluer le montant du poste résultat qui doit venir équilibrer le bilan prévisionnel, et « boucler » ainsi toute la procédure budgétaire.

6.2. LE BILAN PRÉVISIONNEL

Son établissement nécessite l'exploitation de multiples éléments qui se trouvent disséminés dans tous les autres documents budgétaires :

■ les postes de « haut de bilan » proviennent principalement des prévisions en matière d'investissement et de financement. Ainsi, les acquisitions d'immobilisations prévues permettent de valoriser les variations des postes d'actif correspondants. En revanche, les prévisions d'amortissements ou de provisions sont évaluées au niveau des budgets fonctionnels ;

■ les postes de « bas de bilan » proviennent principalement de la prise en compte des décalages évoqués plus haut à l'occasion du budget de trésorerie : il en va ainsi pour les postes Clients ou Fournisseurs, par exemple.

Étude de cas **12**

Société Bipalarm

L'entreprise Bipalarm fabrique un appareil de surveillance électronique antivol. Elle connaît une forte variation saisonnière de son activité.

A. Les statistiques mensuelles des ventes en quantités pour l'année N ainsi que les prévisions pour N + 1 sont les suivantes :

Mois	Ventes N	Prévisions N + 1
Janvier	2 000	2 100
Février	2 100	2 200
Mars	2 000	2 200
Avril	2 200	2 500
Mai	2 400	2 500
Juin	2 900	3 000
Juillet	2 000	2 000
Août	1 500	2 000
Septembre	1 700	2 000
Octobre	1 800	2 300
Novembre	2 000	2 300
Décembre	2 100	2 300

B. Pour une activité de 2 000 appareils fabriqués et vendus, les charges d'exploitation sont les suivantes (en euros) :
– pièces électroniques : 40 000 (variable), soit 20 par appareil ;
– main-d'œuvre : 100 000 (variable), soit 50 par appareil ;
– charges sociales : 40 000 (variable) ;
– charges externes : 7 000 (fixe).
C. Le prix de vente unitaire (hors taxe) d'un appareil est de 100 €.
D. Le processus de montage est relativement court (quelques jours) et la production est immédiatement livrée et facturée à des grossistes qui l'écoulent par le réseau des quincailleries et magasins de bricolage et travaux domestiques.
E. La durée de stockage des pièces électroniques est, en moyenne, d'un mois.

F. Les frais de personnel et les charges externes sont payés dans le mois ; les clients paient à 90 jours et les fournisseurs sont réglés à 60 jours.

G. On tient compte d'une TVA de 20 %, par simplification.

H. La banque de l'entreprise tolère un découvert à court terme. On néglige les agios correspondants.

I. Les immobilisations, acquises depuis deux ans au 31 décembre de l'année N, sont amortissables linéairement sur cinq ans. Les amortissements sont comptabilisés mensuellement par abonnement pour une valeur de 12 000 €.

J. Au 1er janvier N + 1, le bilan initial, après répartition des bénéfices de l'année N, présente, entre autres, les postes suivants (en euros) :

Capital	800 000
Réserves	220 284
Immobilisations (valeur nette)	432 000

K. Il est prévu de réaliser un investissement en matériel d'un montant de 18 000 € début juillet, payable immédiatement, amortissable linéairement sur cinq ans.

L. La prévision des ventes pour janvier N + 2 est de 2 300 appareils.

Question 1. Présentez le bilan initial au 1er janvier N + 1.

Actif		Passif	
Immobilisations : valeurs brutes	720 000	Capital	800 000
– Amortissements (1)	(–) 288 000	Réserves	220 284
= Valeurs nettes	432 000	Fournisseurs (4)	100 800
		Charges de sécurité sociale (5)	42 000
Stocks (2)	42 000	TVA à payer (6)	32 200
Clients (3)	708 000		
Trésorerie (7)	13 284		
Total actif	1 195 284	Total passif	1 195 284

(1) 288 000 = 12 000 × 12 × 2.

(2) 42 000 = 2 100 × 20 ; nécessaire à la production de janvier.

(3) 708 000 = (1 800 + 2 000 + 2 100) × 100 × 1,2.

(4) 100 800 = (2 100 + 2 100) × 20 × 1,2 : achats de novembre et décembre, pour la production de décembre et janvier.

(5) 42 000 = 2 100 × 50 × 0,4 sur les salaires de décembre.

(6) 32 200 = (2 100 × 100 × 0,2) – (2 100 × 20 × 0,2) – (7 000 ×0,2) sur l'activité de décembre.

(7) Trésorerie initiale calculée par différence, pour équilibrer le bilan.

Question 2. Établissez les comptes de résultats mensuels prévisionne

Mois	J	F	M	A	M
Ventes	210 000	220 000	220 000	250 000	250 000
Achats (1)	44 000	44 000	50 000	50 000	60 000
Variations de stocks	– 2 000	0	– 6 000	0	–10 000
Charges externes	7 000	7 000	7 000	7 000	7 000
Main-d'œuvre	105 000	110 000	110 000	125 000	125 000
Charges sociales	42 000	44 000	44 000	50 000	50 000
Dotations amortissements (2)	12 000	12 000	12 000	12 000	12 000
Total charges	208 000	217 000	217 000	244 000	244 000
Résultats mensuels	+ 2 000	+ 3 000	+ 3 000	+ 6 000	+ 6 000

(1) 50 = 42 000, mais les achats anticipent l'augmentation de l'activité en février, d'où la variation de stocks.

Question 3. Établissez le budget annexe de TVA pour N + 1.

Mois	J	F	M	A	M
TVA collectée	42 000	44 000	44 000	50 000	50 000
TVA déductible					
– sur achats	8 800	8 800	10 000	10 000	12 000
– sur services	1 400	1 400	1 400	1 400	1 400
– sur investissements	–	–	–	–	–
TVA à payer au titre du mois (1)	31 800	33 800[1]	32 600	38 600	36 600

(1) Pour janvier : 31 800 = 42 000 – 8 800 – 1 400. Cette TVA ne sera décaissée que le mois suivant, en février.

Question 4. Établissez le budget de trésorerie pour N + 1.

Éléments	J	F	M	A	M	J
Trésorerie initiale	+ 13 284	– 8 716	– 11 316	– 8 316	– 19 116	– 37 116
Encaissements	216 000	240 000	252 000	252 000[1]	264 000	264 000
Total disponible	229 284	231 284	240 684	243 684	244 884	226 884
Achats	50 400	50 400	52 800[2]	52 800	60 000	60 000
Charges externes	8 400	8 400	8 400	8 400	8 400	8 400
Main-d'œuvre	105 000	110 000	110 000	125 000	125 000	150 000
Charges sociales	42 000[3]	42 000	44 000	44 000	50 000	50 000
TVA à reverser	32 200[3]	31 800	33 800	32 600	38 600	36 600
Investissements	–	–	–	–	–	–
Total décaissements	238 000	242 600	249 000	262 800	282 000	305 000
Trésorerie finale	– 8 716	– 11 316	– 8 316	– 19 116	– 37 116	– 78 116

(1) Ventes TTC de janvier. (2) Achats TTC de janvier. (3) Pris dans le bilan initial.

ur N + 1.

J	J	A	S	O	N	D
300 000	200 000	200 000	200 000	230 000	230 000	230 000
40 000	40 000	40 000	46 000	46 000	46 000	46 000
+ 20 000	0	0	− 6 000	0	0	0
7 000	7 000	7 000	7 000	7 000	7 000	7 000
150 000	100 000	100 000	100 000	115 000	115 000	115 000
60 000	40 000	40 000	40 000	46 000	46 000	46 000
12 000	12 300	12 300	12 300	12 300	12 300	12 300
289 000	199 300	199 300	199 300	226 300	226 300	226 300
+ 11 000	+ 700	+ 700	+ 700	+ 3 700	+ 3 700	+ 3 700

) À 12 000, il faut rajouter 300 = 18 000/5/12.

 somme en ligne des résultats mensuels donne un résultat annuel prévisionnel de 44 200.

J	J	A	S	O	N	D
60 000	40 000	40 000	40 000	46 000	46 000	46 000
8 000	8 000	8 000	9 200	9 200	9 200	9 200
1 400	1 400	1 400	1 400	1 400	1 400	1 400
−	3 600	−	−	−		
50 600	27 000	30 600	29 400	35 400	35 400	35 400

(2) La TVA de décembre de 35 400 ne sera payée qu'en janvier,
et donc figurera au passif du bilan prévisionnel.

J	A	S	O	N	D
− 78 116	− 90 716	− 14 116	+ 118 284	+ 118 084	+ 98 084
300 000	300 000	360 000	240 000	240 000	240 000
221 884	209 284	345 884	358 884	358 084	338 084
72 000	48 000	48 000	48 000	55 200	55 200
8 400	8 400	8 400	8 400	8 400	8 400
100 000	100 000	100 000	115 000	115 000	115 000
60 000	40 000	40 000	40 000	46 000	46 000
50 600	27 000	30 600	29 400	35 400	35 400
21 600	-	-	-	-	-
312 600	247 400	227 000	240 800	260 000	260 000
− 90 716	− 14 116	+ 118 884	+ 118 084	+ 98 084	+ 78 084

Question 5. Présentez le bilan prévisionnel au 31 décembre N + 1.

Actif		Passif	
Immobilisations (brutes)	738 000	Capital	800 000
– Amortissements (1)	- 433 800	Réserves	220 284
= Valeurs nettes	304 200	Résultats N +1	44 200
Stocks (2)	46 000	Fournisseurs (4)	110 400
Clients (3)	828 000	Charges sociales à payer (5)	46 000
Trésorerie	78 084	TVA à payer (6)	35 400
Total actif	1 256 284	Total passif	1 256 284

(1) 433 800 = 288 000 + 144 000 + 1 800.

(2) Achats HT de décembre.

(3) Ventes TTC du dernier trimestre : (2 300 × 3) × 100 × 1,2.

(4) Achats de novembre et décembre TTC : 55 200 × 2.

(5) Sur les salaires de décembre.

(6) Sur l'activité de décembre.

Étude de cas **13**
Société Isoplax

La société Isoplax fabrique des panneaux d'isolation à partir de matières végétales. L'entreprise est actuellement à l'étroit dans ses locaux historiques. Son aire de stockage, notamment, est insuffisante, ce qui entrave son développement. Elle envisage de déménager pour aller s'implanter dans une zone industrielle périphérique.

Elle a pour politique de vendre à très faible marge, mais en exigeant d'être payée très rapidement. Par contre, elle a négocié avec ses fournisseurs des contrats à long terme, ce qui lui permet de bénéficier de délais de paiement importants.

À la fin de l'année N, son bilan après répartition, très simplifié, se présente ainsi (en milliers d'euros) :

Actif	
Terrain et constructions (1)	1 000
Matériel	1 240
Stocks	3 000
Comptes clients	400
Trésorerie	40
Total	5 680
Passif	
Capital (2)	400
Réserves	1 390
Comptes fournisseurs	3 782
TVA à payer	60
Charges sociales à payer	48
Total	5 680
(1) Les terrains et constructions, par simplification, sont non amortissables.	
(2) 4 000 actions ayant une valeur nominale unitaire de 100 €.	

Son compte de résultat prévisionnel pour N + 1, établi dans l'hypothèse du maintien dans les locaux actuels, se présente ainsi (en milliers d'euros) :

Ventes	18 000
Achats (variables)	14 000
Autres charges variables	400
Charges de personnel (fixes)	1 728
Autres charges de structures fixes (3)	1 472
Impôt sur les sociétés (4)	200
Résultat prévisionnel après impôt	200
(3) Dont 540 de dotations aux amortissements.	
(4) Par simplification, le taux de l'IS est de 50 %.	

Pour les 5 années à venir (de N + 1 à N + 5), on retient les hypothèses suivantes :
– le niveau d'activité va rester inchangé, à cause des contraintes actuelles de stockage ;
– tous les prix vont rester stables ; en revanche, les charges de personnel connaîtront un glissement annuel régulier de 3 % ;
– les dotations aux amortissements du matériel seront annuellement de 540 000 jusqu'en N + 2, puis de 160 000 en N + 3. Le matériel sera dès lors comptablement entièrement amorti, mais pourra encore être utilisé quelques années sans problèmes sans être remplacé. On ne prévoit pas d'investissements.

Question 1. Faites une simulation de l'évolution du résultat et de la marge brute d'autofinancement.

Années	N + 1	N + 2	N + 3	N + 4	N + 5
Ventes	18 000	18 000	18 000	18 000	18 000
Charges variables	14 400	14 400	14 400	14 400	14 400
Charges de personnel	1 728	(2) 1 780	1 833	1 888	1 944
Dotations aux amortissements	540	540	160	0	0
Autres charges fixes	932	932	932	932	932
Résultat avant IS	200	348	675	780	724
Résultat après IS	200	174	337	390	362
Marge brute d'autofinancement	(1) 740	714	497	390	362
(1) Résultat après impôt + amortissements : 200 + 540.					
(2) Glissement de 3 %					

***

Le projet de déménagement sur la zone industrielle pourrait se faire dans les conditions suivantes :
– le site actuel serait vendu à un promoteur immobilier pour un prix de 4 millions d'euros. Les constructions sont vouées à la destruction, et le vieux matériel à la casse, donc sans valeur ;
– achat d'une usine désaffectée en zone industrielle avec les terrains attenants pour le stockage : 2 880 000 ;
– achat du nouveau matériel pour 3 200 000, amortissable linéairement sur 5 ans ;
– augmentation de la capacité de production par embauche de personnel supplémentaire, entraînant une augmentation en volume des charges de personnel de 20 % ;
– le volume des ventes augmenterait de 40 % en N + 1, pour se stabiliser ensuite à 27 millions d'euros à partir de N + 2.

Par simplification, on suppose que le projet peut être mis en œuvre très rapidement début N + 1 :
– des charges exceptionnelles d'un montant de 600 000, liées aux formalités juridiques, au déménagement des stocks, etc., seraient activées et amorties sur 3 ans ;

– on suppose, par simplification, que l'entreprise bénéficie d'une législation fiscale favorable qui l'exonère de toute imposition sur les plus-values sur cessions d'actifs quand les produits de cessions sont immédiatement réinvestis, ce qui est le cas ici.

Question 2. Faites une nouvelle simulation sur 5 ans, en milliers d'euros, dans le cas de la mise en œuvre du projet de déménagement et de développement de l'activité, de l'évolution du résultat et de la marge brute d'autofinancement.

Années	N + 1	N + 2	N + 3	N + 4	N + 5
Ventes	25 200	27 000	27 000	27 000	27 000
Charges variables	20 160	21 600	21 600	21 600	21 600
Charges de personnel	(1) 2 074	(2) 2 136	2 200	2 266	2 334
Dotations aux amortissements	(3) 840	840	840	(4) 640	640
Autres charges fixes	932	932	932	932	932
Résultat avant IS	(5) 1 194	1 492	1 428	1 562	1 494
Résultat après IS	597	746	714	781	747
Marge brute d'autofinancement	(6) 1 437	1 586	1 554	1 421	1 387

(1) 2 073,6 = 1 728 × 1,2 = 2 073,6 arrondi à 2 074 pour cette question.
(2) 2 136 = 2 074 × 1,03.
(3) 840 000 = (3 200 000/5) + (600 000/3).
(4) 640 000 = (3 200 000/5) ; il n'y a plus d'amortissement exceptionnel.
(5) le résultat est de 25 200 − (20 160 + 2 073,6 +840 + 932) = 1 194,4 arrondi à 1 194 pour cette question.
(6) 1 437 = 597 + 840.

***

On veut faire une étude prévisionnelle de la rentabilité du projet à l'horizon de 5 ans.

On anticipe à cet horizon une augmentation de la valeur du foncier de 25 % en centre-ville et de 20 % en périphérie. Par ailleurs, la valeur résiduelle du vieux matériel actuel serait nulle ; en revanche, le nouveau matériel qu'on envisage d'acheter conserverait une valeur résiduelle sur le marché de l'occasion de 2 millions d'euros.

Le taux d'actualisation pertinent est de 5 %.

Question 3. Le projet de déménagement est-il rentable ?

Il faut comparer les cash-flows et tenir compte des valeurs résiduelles des actifs à 5 ans.

Si on continue l'exploitation dans les locaux actuels, le foncier aura pris 25 % et vaudra donc :

$$4\ 000\ 000 \times 1,25 = 5\ 000\ 000 \;;$$

en revanche, le matériel aura une valeur résiduelle nulle.

Si le déménagement a lieu, le foncier vaudra 2 880 000 × 1,2 = 3 456 000, et le matériel 2 000 000, soit en tout 5 456 000.

Nous aurons donc un différentiel de 456 000 en faveur du projet.

On peut calculer les différences de cash-flow si on effectue le déménagement :

Périodes	Début N + 1	Fin N + 1	Fin N + 2	Fin N + 3	Fin N + 4	Fin N + 5
Désinvestissement	(+) 4 000					
Investissement	(−) 6 080					
Charges exceptionnelles	(−) 600					
Supplément de cash-flow		(1) + 697	+ 872	+ 1 057	+ 1 031	+ 1 025
Supplément de valeur résiduelle						+ 456
Supplément net	(−) 2 680	+ 697	+ 872	+ 1 057	+ 1 031	+ 1 481
Coefficient d'actualisation	1	1/1,05 = 0,952	0,907	0,864	0,823	0,784
Supplément actualisé	(−) 2 680	+ 664	+ 791	+ 913	+ 849	+ 1 161
VAN	+ 1 698					
(1) 697 = 1 437 − 740.						

La VAN étant positive, on peut en conclure *a priori* que le projet de déménagement est rentable.

Mais attention : le projet est « techniquement » ou « économiquement » rentable, mais le problème est de savoir, « financièrement », pour qui !

En effet, les calculs précédents ont été menés sans prendre en compte les modalités de financement.

Si, pour financer les investissements, l'entreprise était obligée de s'endetter en payant des taux d'intérêt très élevés, il se pourrait que le projet soit rentable… pour le banquier !

Ici, la VAN est positive pour un taux d'actualisation de 5 %, ce qui suppose un taux de rentabilité interne (TRI) lié au projet supérieur à 5 %. Comme l'investissement sera financé pour partie par fonds propres, pour partie par autofinancement et pour partie par un emprunt à 5 %, on peut supposer que le coût du capital investi sera inférieur au taux de rentabilité, et que l'entreprise sera finalement gagnante.

***

Pour financer le déménagement, la direction de l'entreprise envisage de réaliser les opérations suivantes :
- augmentation du capital en numéraire, par émissions de 1 000 actions au prix d'émission de 400 ;
- emprunt bancaire de 600 000 remboursable en 5 ans par tranches de 120 000, au taux de 5 %, l'annuité étant payée en fin d'année ;
- apport en compte courant des dirigeants, sans intérêt ;
- ponction sur la trésorerie, jugée actuellement trop élevée. Seul un volant de 20 000 est jugé nécessaire ;

– affectation de tout le cash-flow dégagé par l'exploitation à l'autofinancement. On ne distribuera pas de dividendes.

On précise que les éléments du besoin en fonds de roulement sont proportionnels au chiffre d'affaires, à l'exception des charges sociales à payer qui sont proportionnelles aux charges de personnel.

En ce qui concerne la trésorerie, le volant de sécurité de 20 000 € est considéré comme fixe.

Question 4. Établissez le tableau de financement prévisionnel pour N + 1 en milliers d'euros.

Un des éléments figurant dans le tableau de financement est la variation du BFR qui va accompagner la variation de l'activité.

La partie variable du BFR actuel proportionnelle au chiffre d'affaires est de (en euros) :

$$3\ 000\ 000 \text{ (stocks)} + 400\ 000 \text{ (clients)} - 3\ 782\ 000 \text{ (fournisseurs)}$$
$$- 60\ 000 \text{ (TVA)} = (-)\ 442\ 000.$$

La partie proportionnelle aux salaires est de (–) 48 000.

Le BFR va donc varier de :

$$(-\ 442\ 000 \times 0{,}4) + (-\ 48\ 000 \times 0{,}2) = (-)\ 186\ 400.$$

On arrondit à (–) 186 milliers d'euros.

On remarquera que, comme le poste Fournisseurs est très important, le BFR est ici *négatif* : le projet va dégager une ressource additionnelle de financement au titre du BFR, et non pas un besoin.

Par ailleurs, il faut tenir compte, dans le calcul du résultat et donc de la marge brute d'autofinancement, des charges financières liées au service de l'emprunt, négligées dans les calculs précédents. Ces charges seront pour N + 1 de :

$$600\ 000 \times 0{,}05 = 30\ 000 \text{ €.}$$

Le résultat avant impôt diminue de 30 000 € et sera donc de 1 194,4 – 30 = 1 164,4 milliers d'euros, le résultat après impôt de 582,2 arrondi à 582 milliers d'euros pour cette question, et la marge brute d'autofinancement de 582,2 + 840 = 1 422,2 arrondi à 1 422 milliers d'euros.

Le tableau de financement s'équilibre avec l'apport en compte courant, calculé de façon résiduelle par différence :

Emplois	
Investissements	6 080
Charges exceptionnelles à activer	600
Remboursement d'emprunt	600/5 = 120
Total	6 800

Ressources	
Vente du foncier	4 000
Emprunt	600
Augmentation de capital (y compris la prime)	400
Autofinancement	1 422
Variation du BFR	186
Réduction de la trésorerie	40 − 20 = 20
Apport en compte courant	172
Total	6 800

On notera que la valeur non arrondie de l'apport en compte courant est, plus précisément, de 171,4.

Question 5. Présentez le bilan prévisionnel à fin N + 1.

Actif	
Terrain et constructions	2 880 000
Matériel (1)	2 560 000
Charges exceptionnelles activées (2)	400 000
Stocks	3 000 000 × 1,4 = 4 200 000
Clients	400 000 × 1,4 = 560 000
Trésorerie	40 000 − 20 000 = 20 000
Total	10 620 000

(1) Valeur nette : 3 200 000 − 640 000 = 2 560 000.

(2) Valeur nette : 600 000 − 200 000.

Passif	
Capital (1)	500 000
Prime d'émission (2)	300 000
Réserves	1 390 000
Résultat (3)	2 342 200
Compte courant	171 400
Emprunt	600 000 − 120 000 = 480 000
Comptes fournisseurs (4)	5 294 800
TVA à payer	60 000 × 1,4 = 84 000
Charges à payer	48 000 × 1,2 = 57 600
Total	10 620 000

(1) 500 000 = (4 000 + 1 000) × 100.

(2) 300 000 = (400 − 100) × 1 000.

(3) Le résultat comporte une plus-value exceptionnelle sur cession d'actifs de 4 000 000 − 2 240 000 = 1 760 000. Il est donc de 582 200 + 1 760 000 = 2 342 200.

(4) 5 294 800 = 3 782 000 × 1,4.

Chapitre 7

Approche contingente de la gestion budgétaire

l'ESSENTIEL

La procédure budgétaire ne joue pas le même rôle dans toutes les entreprises : on peut par exemple se référer aux « configurations structurelles » de Mintzberg.

De même, le système évolue en fonction de la taille : on peut pour cela se référer aux phases du modèle de Greiner.

Dans les chapitres qui précèdent, nous nous sommes placés implicitement dans le cas le plus représentatif et utile à développer de façon pédagogique, celui d'une entreprise industrielle d'une certaine taille, utilisant de façon mâture les outils classiques : comptabilité analytique, gestion des stocks, gestion de la production, etc.

Mais les entreprises, et d'une façon plus générale les organisations, sont très diverses et il n'y a pas un modèle unique, universel, de la gestion budgétaire, qui pourrait être plaqué sur toutes les situations.

Dans toutes les disciplines de gestion, il faut généralement adopter une approche contingente, c'est-à-dire distinguer plusieurs cas possibles, de façon typologique, en fonction de facteurs de contingence tels que la taille, la nature plus ou moins stable ou instable de l'environnement, la stratégie, etc. C'est le cas notamment dans tous les domaines en rapport avec le contrôle de gestion. Le budget et les comptes prévisionnels n'ont pas le même statut, la même importance, la même utilité selon les différents contextes.

1. Structure organisationnelle et gestion budgétaire

La structure d'une entreprise dépend de certains facteurs et influence la gestion budgétaire. Il y a une infinité de situations possibles, mais certains auteurs ont réfléchi à des typologies facilitant le diagnostic et le travail de conception des systèmes de gestion. Henri Mintzberg, par exemple, définit cinq grands types de « configurations structurelles », dont la connaissance peut être fort utile.

■ La *structure simple* correspond à la PME dans un secteur d'activité traditionnel (non high-tech), de petite taille, dans laquelle le chef d'entreprise prend la plupart des décisions (un petit commerce par exemple). Les procédures sont peu formalisées, le système comptable embryonnaire, voire inexistant (la comptabilité peut être externalisée auprès d'un cabinet). Dans la mesure où le patron est là pour superviser directement les opérations, il n'y a pas de véritable besoin pour un système formalisé de contrôle, et donc pas de procédure budgétaire. Tout au plus, on établit de façon ponctuelle quelques prévisions financières, par exemple à destination du banquier à l'occasion du financement d'un investissement.

■ La *bureaucratie mécaniste*, à l'inverse, correspond par exemple à une entreprise de grande taille, dont l'activité est routinière, dans laquelle le travail est standardisé, avec une organisation taylorienne et une production de masse. L'entreprise est une « machine » à produire en série certains biens ou services (un constructeur automobile par exemple). Dans ce contexte, il faut une gestion « à distance par les chiffres », et le système de gestion repose sur la comptabilité analytique, le calcul des coûts standards et le suivi des écarts. Les calculs prévisionnels, les programmes, les budgets, jouent un rôle déterminant, et on aura des procédures comptables et budgétaires très formalisées. Notons que le terme bureaucratie n'a rien ici de péjoratif : il signifie simplement que l'on obéit à des procédures, des normes.

■ La *bureaucratie professionnelle* correspond aux organisations dans lesquelles le travail est effectué par des professionnels ayant un haut niveau de compétence, supposant une formation supérieure dans des domaines réglementés, dans lesquels des impératifs déontologiques viennent interférer avec les objectifs classiques de rentabilité, ou du moins d'équilibre financier. C'est le cas par exemple dans les hôpitaux, les firmes d'audit, les cabinets d'avocats. La santé n'a pas de prix, mais elle a un coût : les charges de fonctionnement pourraient croître de façon entropique, ce qui n'est pas financièrement possible, donc il faut réguler par la rareté (on ne peut pas multiplier jusqu'à l'infini les achats de scanners, pourtant fort utiles...). Le budget joue là pleinement son rôle de compromis entre le souhaitable et le possible.

■ L'*adhocratie* correspond aux situations dans lesquelles l'activité n'est pas répétitive, quand il faut innover, inventer, créer, etc. Une agence de publicité, une société d'ingénierie, une société high-tech dans l'informatique ou l'électronique, qui lance constamment de nouveaux produits, un éditeur, un producteur cinématographique, sont de bons exemples. Comme on ne fait jamais exactement la même chose, on ne peut pas prévoir le succès ou l'échec, on ne peut pas budgéter combien ça va coûter et combien ça va rapporter. Il n'y a pas de normes, de standards, comme pour la bureaucratie mécaniste. Un nouveau livre édité peut recevoir un prix littéraire et tirer à 100 000 exemplaires ou... aller au pilon au bout de quelques mois, faute de lecteurs. Dans ce contexte, les outils du contrôle de gestion n'ont pas du tout le même rôle que dans une activité classique, répétitive. La prévision est difficile, voire impossible, et le budget est utilisé dans une optique statistique de gestion des risques. Il faut pouvoir supporter financièrement les échecs, et simuler les scénarios les plus défavorables.

▪ La *structure divisionnalisée* correspond généralement à des entreprises de grande taille, avec par exemple une structure de groupe, avec des divisions et des filiales, une décentralisation de la gestion et un contrôle par les résultats financiers. Les grands groupes industriels menant une stratégie de diversification en sont généralement de bons exemples. Le responsable d'une unité, d'un département, d'une filiale, s'engage sur un niveau de profit, et sait qu'il est sur un siège éjectable en cas d'échec. On a donc un système comptable particulier, reposant plus sur la comptabilité financière, et organisé en fonction des centres de profit. Tout repose sur la nécessité de maîtriser la gestion prévisionnelle pour être en mesure de s'engager et de négocier avec la direction centrale, qui veille à la rentabilité du capital investi dans les différentes divisions. La procédure budgétaire joue donc un rôle essentiel.

Notons que ces types idéaux se présentent rarement à l'état pur : on sera en général en présence d'une structure hybride, ce qui rend complexe l'ingénierie des systèmes d'information et explique l'existence de systèmes comptables et de procédures budgétaires hétérogènes, dans le style « patch-work ».

❯ Par exemple, un grand constructeur automobile présentera des aspects de la structure divisionnalisée (plusieurs marques différentes coexistent dans des filiales distinctes : Peugeot et Citroën, Renault et Dacia, etc.), des aspects de bureaucratie mécaniste (travail à la chaîne taylorisé en ce qui concerne la production), et des aspects adhocratiques (pour la recherche et le lancement de nouveaux modèles intégrant des innovations technologiques).

2. Phases de développement et gestion budgétaire

Dans une perspective dynamique, le développement d'une entreprise s'opère généralement par le passage par différentes phases, avec à chaque fois des transformations structurelles importantes, de véritables mutations.

On peut évoquer à ce sujet le modèle de Larry Greiner, qui explicite une suite de « métamorphoses ».

2.1. LA PHASE DE CRÉATION

À l'origine, la plupart des entreprises sont très petites : un artisan se met à son compte ; un étudiant en informatique monte une start-up dans le garage familial avec un ami de promo... Si cette entreprise se développe, elle va embaucher quelques salariés en conservant un organigramme « en râteau », chaque nouvel employé étant directement sous les ordres du créateur, en conservant un fonctionnement informel, sans développer de système de gestion structuré, sans procédures comptables ou budgétaires formalisées (comme dans la « structure simple » de Mintzberg).

2.2. LA PHASE DE DÉVELOPPEMENT ET DE FORMALISATION

À partir d'un certain seuil (10, 15 personnes), le patron ne peut plus tout gérer, il lui faut embaucher des cadres intermédiaires. On voit apparaître généralement la « structure fonctionnelle et hiérarchique classique », à la Fayol, avec par exemple un directeur technique, un directeur commercial et un directeur financier. Dans chaque fonction, l'organisation se structure et des procédures formelles sont mises en place (par exemple, ordonnancement et gestion des stocks avec un inventaire permanent au niveau de la production, ce qu'on ne trouvera pas chez un artisan). Au plan comptable, on développe progressivement la comptabilité générale, puis la comptabilité analytique. Avec quelques centaines de salariés, les enjeux financiers imposent des outils de pilotage, et donc une gestion prévisionnelle et budgétaire.

2.3. LA PHASE DE DÉLÉGATION

Si le développement se poursuit, il faut décentraliser la prise de décision car l'équipe dirigeante ne peut pas tout faire. Pour devenir une grande entreprise, il faut généralement une mutation dans le système de management, mettre en place une gestion par les résultats dans le cadre d'un système comptable structuré en centres de profit (comme nous l'avons vu avec la structure décentralisée divisionnalisée). La gestion prévisionnelle et budgétaire devient une pièce maîtresse du dispositif de négociation entre les unités périphériques et la direction centrale.

2.4. LA PHASE DE COORDINATION

Dans les grandes entreprises, à partir d'un certain stade, trop d'autonomie peut nuire à la rentabilité globale : les responsables locaux peuvent devenir des « barons » capables de profiter de leur fief de façon opportuniste (dépenses effectuées pour leur avantage personnel au détriment du groupe, par exemple). La direction centrale doit « reprendre les choses en main » en recentralisant certaines fonctions et en mettant l'accent sur la planification et la coordination. Les procédures budgétaires deviennent complexes, notamment si les structures deviennent matricielles (directions géographiques et directions technologiques cohabitent), et risquent de connaître des dérives bureaucratiques (cette fois-ci dans le sens péjoratif).

2.5. LA PHASE DE COLLABORATION

Les très grandes entreprises sont confrontées à ce risque d'inefficacité entraîné par une gestion formalisée trop complexe, par un système de contrôle trop bureaucratique, par des pratiques de management trop « castratrices ». Trop de réunions, de rapports, de tableaux de bord ; des procédures d'autorisation des investissements trop lentes, etc. Elles cherchent à évoluer vers une approche plus qualitative, plus psychologique, plus émotionnelle de la motivation des collaborateurs, ce qui revient en fait à relativiser, à restreindre l'importance des aspects comptables et budgétaires. Trop de contrôle de gestion stérilise les initiatives, et la procédure budgétaire, partie très formalisée du système de gestion, fait figure d'accusée. Certains auteurs radicaux vont jusqu'à mettre en cause les budgets, jugés inutiles et même dangereux. Il est évident qu'il ne faut pas jeter le bébé avec l'eau du bain, mais le problème est posé.

❭ Certaines firmes japonaises, qui cherchent à créer une sorte de « nationalisme d'entreprise » (illustré par exemple par la cérémonie quotidienne du drapeau), semblent être des précurseurs dans ce domaine.

2.6. LE RISQUE DE CRISE

À chaque stade, si l'on veut continuer à croître sans opérer la mutation nécessaire du système de gestion, il y a risque de crise pouvant être fatale à l'entreprise.

Par exemple, la phase 1 risque de se terminer par une crise d'autorité si l'on n'abandonne pas l'organigramme en râteau pour mettre en place un encadrement intermédiaire sur des bases fonctionnelles. Le patron n'arrive plus à contrôler ses troupes par supervision directe si les effectifs deviennent trop importants. Il faut des contremaîtres ou des responsables de chantier.

La phase 2 risque de se terminer par une crise de responsabilité si on ne passe pas à une délégation par centres de profit : en cas de difficultés, les différents responsables fonctionnels se renvoient la balle.

La phase 3 risque de mener à une crise d'autonomie par balkanisation du pouvoir, et la phase 4 à une crise de bureaucratisation.

Étude de cas **14**
Société grenobloise de mécanique

La Société grenobloise de mécanique est une entreprise de sous-traitance qui fabrique en petites ou moyennes séries des pièces complexes pour divers secteurs industriels comme l'aéronautique, la construction des ascenseurs ou le matériel électronique. Le capital est entièrement détenu par son fondateur, M. Dunant, qui en assure la direction générale et la direction commerciale. La société emploie 84 personnes. L'équipe de direction comprend un directeur technique, un responsable des études et essais, un responsable des approvisionnements et un responsable administratif et comptable.

Généralement, pour les affaires qualifiées de « courantes », la SGM répond à des appels d'offres sur la base d'un dossier technique fourni par le donneur d'ordre. L'entreprise a alors essentiellement un rôle de producteur. Le marché ne va pas obligatoirement au moins-disant, dans la mesure où les impératifs de qualité et de respect des délais sont déterminants. Le directeur technique détermine la gamme d'usinage nécessaire, évalue les coûts prévisionnels, et la proposition de prix est arrêtée de concert avec le directeur général.

Certaines prestations sont plus sophistiquées et demandent un travail de conception en partenariat avec le donneur d'ordre. Dans ce cas, le service Essais, qui dispose de moyens humains et informatiques limités mais efficaces (deux des techniciens maîtrisent l'utilisation d'un logiciel de conception assistée par ordinateur), joue un rôle plus important. M. Dunant s'implique en général personnellement dans ces affaires qui le passionnent.

La production est organisée de façon industrielle, rationnelle et taylorienne, afin d'avoir une bonne productivité et de maîtriser les coûts, car le secteur est très concurrentiel. La gestion de la qualité est parfaitement maîtrisée, l'entreprise étant certifiée ISO.

L'entreprise maîtrise sa comptabilité financière et produit son bilan, qui est néanmoins supervisé par un cabinet d'expertise-comptable qui intervient notamment au niveau des opérations d'inventaire ayant une incidence fiscale (sur les amortissements et les provisions, par exemple). L'intervention de ce cabinet est jugée nécessaire, efficace, mais coûteuse. Le cabinet intervient également pour finaliser avec le responsable administratif le compte de résultat prévisionnel que demande chaque année le banquier de l'entreprise.

Depuis quelques années, on a commencé à mettre en place une comptabilité analytique permettant de bien calculer des coûts complets réels par affaire, pour analyser la rentabilité et calculer des résultats analytiques par types de prestations et par types de clients.

Question 1. En vous référant à la typologie des configurations structurelles de Mintzberg, comment peut-on caractériser la situation de la SGM ? Quelles sont les conséquences au niveau du système comptable et de la gestion prévisionnelle et budgétaire ?

L'activité de cette entreprise de sous-traitance est essentiellement une activité de production, qui est organisée de façon taylorienne, en respectant des procédures formalisées (gammes d'usinage, ordonnancement, certification), ce qui relève de la bureaucratie mécaniste. C'est un peu paradoxal car l'entreprise est une PME de taille modeste, et cette configuration correspond plutôt généralement aux grandes entreprises. Mais cela illustre le fait que les facteurs de contingence ne jouent jamais de façon totalement déterministe. Les bureaucraties sont « plutôt », « généralement », des grandes entreprises, mais il peut y avoir de « petites » bureaucraties.

Notamment, dans le domaine de la sous-traitance, la certification qualité, qui oblige à plus de formalisme dans le fonctionnement (on « écrit ce qu'on fait » et on « fait ce qu'on écrit »), fait donc évoluer l'organisation vers plus de bureaucratie (sans connotation péjorative en sociologie des organisations, répétons-le).

Par ailleurs, l'existence d'une activité de conception apporte des aspects adhocratiques, mais qui restent pour l'instant secondaires. La configuration est donc légèrement « hybridée ».

Il est donc tout à fait normal que l'entreprise accorde de l'importance à la comptabilité analytique, permettant d'établir des coûts standards qui permettront de mettre en place un contrôle budgétaire qui risque de devenir absolument nécessaire si l'entreprise continue à se développer, du fait du contexte concurrentiel.

Question 2. À votre avis, l'entreprise a-t-elle intérêt à faire évoluer sa comptabilité financière vers la complète autonomie, pour se passer du cabinet d'expertise et établir ses comptes prévisionnels ?

Pour l'instant, non. En effet, l'entreprise a déjà fait beaucoup, notamment en traitant en interne toutes les opérations récurrentes (achats, ventes, frais de personnel, etc.), et en allant en gros jusqu'à la balance avant inventaire. Mais pour les aspects un peu techniques et fiscaux liés aux écritures d'inventaire, elle risque de manquer d'expertise, du fait de sa taille encore modeste. Le « responsable administratif et comptable » n'a certainement pas la qualification d'un directeur financier. Il vaut donc mieux continuer à bénéficier de l'expertise du cabinet pour la mission fiscale et pour la présentation des comptes prévisionnels au banquier, même si cela coûte un peu…

Question 3. À votre avis, comment devrait évoluer la comptabilité analytique si l'entreprise veut pouvoir maîtriser son développement ?

On parle dans le texte d'une comptabilité en coûts complets réels. C'est un premier pas, mais si on veut déboucher sur du prévisionnel, il faut connaître la structure des coûts (coûts fixes/coûts variables), et donc calculer non pas des coûts complets, mais des coûts partiels, dans une optique *direct-costing*. C'est à partir de ces données qu'on peut faire des calculs d'estimation des devis pour répondre aux appels d'offres et faire des projections budgétaires. Par ailleurs, on sait que, pour le pilotage, c'est surtout la connaissance des marges qui est intéressante (marges sur coûts variables et marges sur coûts spécifiques), pas celle des résultats analytiques, du fait du caractère toujours un peu arbitraire et contestable de l'imputation des charges de structure.

Le système devra également évoluer vers une comptabilité en coûts standards si on veut faire du contrôle budgétaire dans de bonnes conditions.

Question 4. L'expertise technique de l'entreprise et le succès des affaires menées en partenariat font que l'activité de conception prend de plus en plus d'importance. La SGM intervient par exemple de plus en plus pour fabriquer des prototypes en alliages spéciaux. Si cette orientation stratégique se confirme, quelles seront les conséquences sur la comptabilité de l'entreprise et sur le système budgétaire ?

Si cette orientation se confirme, il y aura un fort rééquilibrage vers les aspects adhocratiques. Dans ce cas, les aspects comptables et budgétaires devraient être relativisés, le succès de l'entreprise dépendant beaucoup moins des problèmes de productivité et de maîtrise des coûts. Il faudrait mettre l'accent beaucoup plus sur la compétence et l'expertise des concepteurs, et raisonner dans la perspective d'une stratégie de différenciation, pas de domination par les coûts, au sens de M. Porter, célèbre auteur en économie industrielle et management stratégique.

Question 5. Un cabinet de conseil préconise de décentraliser davantage la gestion, pour motiver les responsables, et de mettre en place une comptabilité et une gestion prévisionnelles par centres de profit. En vous référant au modèle de Greiner, qu'en pensez-vous ?

La taille encore modeste de l'entreprise, la nature fonctionnelle de son organigramme, la mise en place progressive de procédures formalisées, le degré de développement encore faible des outils de pilotage et de contrôle de gestion font que, du point de vue du modèle de Greiner, nous en sommes encore au milieu de la phase 2 (développement et formalisation). Or, la gestion décentralisée par centres de profit et l'évaluation des résultats sur la base de la capacité à atteindre des objectifs budgétaires prévisionnels relèvent de la phase 3. Nous n'y sommes pas encore. La proposition est donc prématurée. Dans les années à venir, l'entreprise doit continuer son effort de formalisation, en améliorant son système de comptabilité analytique et budgétaire, qui lui sera nécessaire pour maîtriser son développement.

Notons en revanche que, si l'activité de conception devait prendre de l'ampleur, il serait peut-être nécessaire, à partir d'un certain volume d'activité, de séparer d'un point de vue comptable et budgétaire les deux domaines, car les logiques de gestion sont différentes, et il pourrait y avoir des « vases communicants » (des pertes dans un secteur occultées par des profits dans l'autre), ce qui ne permettrait plus à la direction générale de faire les bons choix. On pourrait à la limite envisager de filialiser la conception, pour en faire un bureau d'études, une société d'ingénierie, en parallèle avec la société de production. En effet, dans le modèle de Greiner, on suppose implicitement qu'en phase 2 on reste une PME, et qu'à ce stade, avec seulement quelques dizaines de personnes, on reste généralement en « mono-activité ». Comme il peut exister de petites bureaucraties, il peut y avoir de petits groupes…

Étude de cas **15**
Société Prodaligro

La société Prodaligro exerce une activité de grossiste et commercialise des produits pour la restauration hors foyer (RHF). Ce domaine est actuellement en plein développement du fait de l'évolution sociologique. Les salariés rentrent de moins en moins souvent chez eux pour déjeuner et se tournent vers les cantines ou les établissements de restauration rapide. Prodaligro vend également ses produits à des restaurants classiques, à des hôpitaux, à des cantines scolaires, etc.

En tout, elle compte près de 5 000 clients et 1 500 collaborateurs, dont 300 commerciaux et 80 télévendeurs.

Prodaligro est filiale d'un grand groupe de distribution européen, Interdis, présent par ailleurs dans les hypermarchés, le hard discount de proximité et les grandes surfaces spécialisées, dans les articles de sport et l'équipement de la maison, notamment.

L'organisation de la société montre trois niveaux.

Au niveau national, le siège central, situé à Paris, est sous l'autorité du directeur général. Celui-ci définit les orientations stratégiques en accord avec le groupe, valide les prévisions budgétaires et supervise toutes les décisions importantes, notamment les investissements.

Les services centraux regroupent par ailleurs plusieurs directions. La direction commerciale est principalement chargée de définir l'offre de produits (environ 7 000 références) et de traiter avec les fournisseurs, pour partie par l'intermédiaire de la centrale d'achat du groupe Interdis. La direction de la logistique définit les standards et les méthodes concernant l'entreposage et les livraisons. Elle étudie tous les projets techniques d'investissement. La direction du contrôle de gestion coordonne l'établissement des budgets et est responsable du reporting mensuel des résultats à Interdis. La direction administrative et financière est responsable de tous les aspects comptables et fiscaux, et s'occupe également de tous les problèmes de gestion des ressources humaines.

Au niveau régional, le réseau commercial est divisé en cinq grandes entités géographiques : région parisienne, grand Nord-Est, Ouest, grand Sud-Ouest et Sud-Est. Les cinq directions régionales sont implantées à Créteil, Nancy, Rennes, Bordeaux et Aix-en-Provence. Chaque directeur régional est chargé de l'animation d'une vingtaine d'établissements et de l'adaptation de la stratégie commerciale en fonction des spécificités régionales. Il est responsable des résultats régionaux en termes de chiffre d'affaires et de résultats. Il est aidé par un directeur commercial régional et par un directeur de la logistique régional, qui veille à rationaliser la répartition des moyens entre les établissements pour optimiser les coûts logistiques. Par exemple, un client situé dans la zone géographique d'un établissement X peut très bien être livré par l'établissement Y, si cela permet d'optimiser les tournées de livraison.

Au niveau local, les unités de base, les établissements, sont définies par une zone géographique correspondant le plus souvent à un département. La gestion est très décentralisée et chaque directeur d'établissement est un véritable « patron » responsable de l'ensemble des opérations commerciales et logistiques sur sa zone de chalandise, sous le contrôle de sa direction régionale et du siège.

Au cours des 15 dernières années, Prodaligro a connu un développement soutenu, essentiellement par croissance externe. De nombreux établissements locaux sont en fait d'anciennes PME régionales rachetées pour leur portefeuille de clientèle et leurs ressources en entreposage.

Les produits sont classés en cinq grandes catégories :
– l'épicerie « stable » (conserves, sucre, etc.) ;
– les produits frais (fruits et légumes) ;
– les produits surgelés ;
– les boissons ;
– les produits d'entretien et d'hygiène.

On distingue trois grands types de clients :
– les clients classiques, pour lesquels une négociation de gré à gré est menée par un commercial ou un télévendeur au niveau de chaque établissement (un petit restaurateur par exemple) ;
– les grands comptes (par exemple, les grandes chaînes de restauration rapide), pour lesquels la direction du siège est directement impliquée ;
– les clients achetant sur appel d'offres dans le cadre d'un marché public, traités soit par le siège, soit par une direction régionale suivant l'importance du contrat (cas des hôpitaux ou des restaurants universitaires par exemple).

La gestion budgétaire joue un rôle primordial dans le management de l'entreprise, et son importance s'est encore accrue avec l'arrivée d'un nouveau directeur général il y a trois ans.

Dans les grandes lignes, le système est à peu près le même depuis une dizaine d'années, quand Interdis a pris le contrôle de l'entreprise.

Dans le cadre de sa stratégie de développement, Interdis négocie avec Prodaligro des objectifs de croissance et de rentabilité à moyen terme. Sur cette base, et avec l'aide du contrôle de gestion, le directeur général de Prodaligro adresse chaque année, en septembre, une « note de cadrage » budgétaire à l'ensemble des responsables de la société, contenant un certain nombre de prévisions, d'objectifs, de contraintes à respecter, etc. Par exemple, dans la note de cadrage de l'année dernière, on limitait de façon normative la croissance de la masse salariale à 2 %, on limitait l'enveloppe destinée aux investissements à 2 millions d'euros, on fixait la croissance du chiffre d'affaires sur les surgelés, axe stratégique prioritaire, à 10 % minimum, etc.

Sur ces bases, chaque établissement établit son budget (ou plutôt son « pré-budget ») en octobre. Ces budgets sont consolidés au niveau régional où ils font l'objet d'une première série d'arbitrages. Puis les budgets sont consolidés au niveau central, et on entre dans une période de « navette budgétaire ». Les budgets sont analysés par le contrôle de gestion. Chaque responsable d'établissement est convoqué au moins une fois au siège pour « accorder les violons », avec l'arbitrage du directeur régional concerné. Une discussion s'instaure, l'établissement pouvant faire valoir tel ou tel argument expliquant pourquoi il anticipe de s'écarter des standards nationaux. Par exemple, un établissement peut tabler sur un taux de marge plus faible que la moyenne, à cause de l'arrivée d'un nouveau concurrent sur son secteur, ce qui l'oblige en réponse à baisser ses prix, comme c'est le cas actuellement dans plusieurs régions avec le développement de Brake France. Le directeur général fait ses arbitrages, et chaque directeur d'établissement finit par recevoir sa « feuille de route », c'est-à-dire son budget définitif, celui-ci s'écartant plus ou moins du pré-budget.

Ce budget définitif a une importance considérable dans la mesure où, par la suite, toutes les primes et bonus versés au personnel, notamment aux commerciaux et aux directeurs d'établissement, sont calculés sur les écarts favorables (réel *moins* budgété).

La différence essentielle, avec le nouveau directeur général, c'est qu'avant sa venue, les pré-budgets étaient revus à la marge, un peu pour la forme, et pour l'essentiel avalisés. Les directeurs d'établissement étaient très autonomes et faisaient un peu ce qu'ils voulaient. On demandait juste des explications pour les sommes importantes, et un certain climat de confiance faisait que le siège avait pour philosophie que les opérationnels étaient les mieux placés pour juger, par exemple, des dépenses d'investissement. Tout au plus, quand on ne « rentrait pas dans l'enveloppe globale », demandait-on aux responsables locaux de différer sur l'année suivante certains projets.

Le nouveau directeur général, dès son arrivée, jugea cette manière de faire « laxiste », et déclara lors d'une grande réunion de tous les responsables qu'il allait s'attaquer à la « mauvaise graisse » et lutter contre le « slack budgétaire », matelas de sécurité constitué pour échapper à la rigueur des arbitrages budgétaires, et qui selon lui coûtait deux points de rentabilité à la Société…

Dorénavant, les budgets furent « épluchés » avec beaucoup plus de précision par le contrôle de gestion, et les « rectifications » beaucoup plus significatives. Le nouveau directeur général s'est également beaucoup impliqué dans la généralisation de la mise en place d'un PGI (Progiciel de gestion intégré, en anglais ERP). Celui-ci avait commencé à être implanté deux ans auparavant, mais à son arrivée, il n'était toujours pas opérationnel dans un tiers des établissements qui continuaient à utiliser les anciennes solutions, datant souvent d'avant le rachat par Prodaligro. Il s'est également attaché à rationaliser les procédures d'entreposage et de livraison, gisements importants, selon lui, de gains de productivité.

Question 1. Si l'on considère Prodaligro dans son ensemble, à quelle « configuration structurelle » au sens de Mintzberg vous fait penser l'organisation de cette entreprise ? Quel système d'information joue un rôle prépondérant dans la gestion de cette configuration ?

Avec Prodaligro, nous sommes dans le cas d'une entreprise de taille relativement importante, organisée de façon décentralisée, dans le cadre d'une diversification (ici, sur une base géographique classique, en fonction de la structure du réseau commercial, chaque établissement s'attaquant à un marché bien défini), avec des responsables d'unité jugés sur leurs résultats, en fonction des attentes et des objectifs fixés par le groupe. Tous ces facteurs de contingence font penser à la structure divisionnalisée au sens de Mintzberg.

Notons que le principe de la gestion par les résultats est ici appliqué en cascade, au niveau local des établissements, au niveau régional, et également au niveau du groupe.

Dans un tel contexte, le système d'information comptable joue un rôle central puisque c'est sur lui que repose l'évaluation des performances des responsables et la possibilité de « boucler » le processus de management par des procédures de « récompenses-sanctions » : primes et bonus en cas de bons résultats, logique du « siège éjectable » en cas de mauvais. Notons que, dans ce cas de figure, ce n'est pas la comptabilité de gestion qui est principalement mobilisée, mais plutôt la comptabilité financière classique.

Question 2. Si l'on raisonne maintenant plus particulièrement au niveau de chaque établissement local, à quel type de configuration a-t-on plutôt affaire ? Est-ce contradictoire avec la question précédente ? Quel système d'information joue un rôle prépondérant à ce niveau ?

Au niveau de chaque établissement, le travail est en très grande partie routinier et répétitif, encadré par des normes définies de façon centralisée. Pour l'essentiel, il s'agit de prendre les commandes auprès de clients faisant partie d'un portefeuille, de gérer des stocks, de faire des opérations de manutention, de chargement, de livraison, etc. Les procédures administratives sont également très routinières (facturation par exemple). Tous ces éléments font penser à la bureaucratie mécaniste au sens de Mintzberg. Chaque établissement est une machine à prendre des commandes et à les transformer en livraisons.

Ceci n'est pas contradictoire avec ce qui précède, dans la mesure où les configurations structurelles sont souvent des hybrides. Par ailleurs, nous avons ici un facteur de complexité particulier avec le fait que l'organisation montre plusieurs niveaux, selon un schéma fédératif ; dans ce cas, très souvent, l'organisation générale est divisionnalisée, mais chaque entité locale peut s'organiser en fonction des caractéristiques de l'activité.

Compte tenu du caractère répétitif, routinier de l'activité, et de l'importance des activités logistiques, ce sont les modules applicatifs amont du PGI qui jouent un rôle déterminant, comme le module de gestion commerciale, permettant de gérer de façon intégrée et en temps réel la prise de commande, la préparation des livraisons, la facturation et les stocks. L'intérêt du PGI est ensuite de récupérer automatiquement en aval les informations pour alimenter le module comptable et celui du contrôle de gestion.

Question 3. Avant l'arrivée du nouveau directeur général, à quelle phase du modèle de Greiner en était Prodaligro ? Quel rôle joue le système d'information comptable dans ce cas ?

On peut considérer, compte tenu de la taille, de l'ampleur de la délégation de responsabilité et de l'autonomie des directeurs d'établissement, que Prodaligro se trouvait en phase 3 (phase de délégation).

Les établissements sont dans ce cas des centres de profit jugés sur leurs résultats. C'est donc le système comptable (comptabilité financière) qui joue le rôle de « gendarme », en fournissant les informations permettant d'évaluer les performances, de faire le tri entre les bons et les mauvais dirigeants, d'attribuer les primes et les bonus, en comparant les réalisations aux prévisions budgétaires. Le système d'information comptable permet de boucler le système de récompenses-sanctions, et joue donc un rôle essentiel dans le système de management de l'entreprise, dans le cadre d'une gestion prévisionnelle et contrôlée. C'est par son intermédiaire que les opérationnels peuvent être mis sous tension et motivés, essentiellement par des incitations financières.

Ce qu'il faut comprendre, c'est que, dans cet environnement, la direction centrale a finalement un rôle assez limité. On table sur l'efficacité du système d'incitation par les résultats pour que tout marche bien, et l'entreprise est en quelque sorte la « somme de ses parties », ici de ses établissements. À la limite, la direction générale joue la mouche du coche. Il faut néanmoins relativiser dans la mesure où le siège joue un rôle fondamental en matière de politique commerciale, par le biais du choix des références.

Question 4. Quel risque de crise latent pouvait-on diagnostiquer avant l'arrivée du nouveau directeur général ? Dans quelle mesure ce risque était-il entretenu par un fonctionnement « rituel » du système budgétaire ?

Le modèle de Greiner met en avant le fait que chaque phase de développement risque de s'achever par une crise qui risque de compromettre la survie de l'entreprise si la Direction se refuse à opérer les mutations structurelles imposées par la croissance des effectifs et de l'activité.

Ici, nous étions en phase 3, le risque étant que la délégation tourne à l'avantage exclusif des responsables locaux, en accord avec les enseignements de la théorie de l'agence. Les directeurs d'établissement peuvent bénéficier de l'asymétrie d'information et avoir des comportements opportunistes. Ils peuvent par exemple faire passer certaines dépenses personnelles en frais généraux (frais de déplacement, notes de restaurant, etc.). Ils peuvent alors devenir des « barons » défiant le pouvoir central, qui est démuni, comme pris en otage, incapable de maîtriser la situation. Les barons peuvent « vivre sur la bête », et seules quelques « miettes » remontent au niveau central.

C'est ce que l'on appelle une crise d'autonomie. Les barons peuvent exercer une sorte de chantage auprès de la direction centrale. Celle-ci sait qu'elle se fait berner, mais si on sanctionne en remplaçant un directeur d'établissement par un autre, le nouveau sera peut-être pire… Le principe du siège éjectable ne fonctionne plus. Le contrôle de gestion devient un rite formel, les barons peuvent faire avaliser des prévisions budgétaires qui entérinent leurs comportements opportunistes.

Les conséquences peuvent être fatales : la rentabilité baisse, l'entreprise peut connaître des difficultés financières et devenir une proie facile dans un contexte de concentration économique du secteur, devenir la cible d'une OPA hostile. Il faut bien comprendre que, très souvent, c'est dans le cadre de la gestion budgétaire que ce risque se matérialise, par le biais du slack budgétaire, ce matelas qui retire au système toute son efficacité. Par exemple, pour fonctionner, le responsable local a besoin objectivement de dépenser 100 (mais il est le seul à le savoir : c'est l'asymétrie de l'information). S'il peut faire passer un budget de 120 (le slack est alors de 20), il peut ensuite dépenser 110, dont 10 à son seul profit, tout en faisant apparaître un écart favorable de 10, et donc passer pour un bon gestionnaire qui fait des économies, et toucher un bonus ! Le système budgétaire est alors complètement dévoyé.

Ici, on nous dit que les responsables locaux faisaient ce qu'ils voulaient, leurs propositions budgétaires étant pour l'essentiel acceptées sans véritable contrôle. Le slack budgétaire était donc très certainement important, et le système comptable et de contrôle budgétaire utilisé de façon rituelle, sans qu'un bouclage efficace ne fonctionne vraiment.

Question 5. Comment peut-on interpréter, dans le cadre du modèle de Greiner, la « reprise en main » par le nouveau directeur général ? Quel rôle est dévolu au système d'information dans cette reprise en main ?

La reprise en main par le nouveau directeur général peut s'interpréter comme la volonté de surmonter la crise d'autonomie en opérant une évolution du système de management vers la phase 4 au sens du modèle de Greiner (phase de croissance par coordination). Celle-ci correspond à un mouvement de recentralisation de certaines fonctions au niveau du siège. La délégation de style phase 3 allant trop loin, les responsables locaux étaient devenus des barons incontrôlables et « plus puissants que le roi ». Il faut donc une redistribution des cartes, continuer certes à laisser une grande autonomie aux locaux, mais essentiellement au plan opérationnel. Toutes les questions importantes doivent être reprises en main : la stratégie, la recherche, la politique de GRH, etc. Et surtout, le contrôle de gestion, qui prend dans cette phase une importance déterminante.

On ne demande plus au système d'information comptable et de contrôle de gestion de calculer les coûts et les résultats, afin de les présenter de la façon la plus neutre possible aux décideurs, mais de mener une analyse des performances beaucoup plus critique, impliquant une immixtion beaucoup plus évidente dans le processus de gestion. Le contrôleur de gestion devient en quelque sorte le collaborateur privilégié de la direction générale, une sorte de conseiller proche chargé de faire « parler les chiffres » dans le but d'optimiser les résultats, en rendant à la procédure budgétaire son efficacité.

Question 6. Dans quelle mesure l'utilisation d'un PGI peut-elle limiter l'asymétrie d'information ?

La théorie du contrôle de gestion fait reposer la possibilité de constituer du slack budgétaire en grande partie sur la notion d'asymétrie d'information.
Un progiciel intégré présente un ensemble de fonctionnalités qui peuvent grandement faciliter la « chasse au slack » (forme particulière de la chasse au gaspi…), tâche dévolue au contrôle budgétaire.
La particularité d'un PGI est généralement d'organiser le traitement des informations autour d'une base de données qui peut être utilisée à la demande pour toute une série de consultations et d'analyses.
Par exemple, si le contrôleur de gestion a l'intuition qu'un budget émanant d'un établissement est artificiellement majoré, il peut zoomer sur les dépenses engagées réellement l'année précédente sur le poste budgétaire correspondant, et détecter certaines anomalies. Il s'apercevra que l'on avait budgété pour un service 100 pour l'embauche d'intérimaires, alors qu'en fait on a pris quelqu'un en CDD, en faisant ainsi des économies importantes par rapport au budget. On peut avoir ces renseignements en épluchant un grand livre classique, mais la recherche sera beaucoup plus rapide avec une base de données structurée. Le contrôle de gestion va ainsi peu à peu capitaliser une meilleure connaissance de toutes les « astuces » que les services peuvent utiliser pour gonfler artificiellement et frauduleusement leur budget et se ménager du slack.
Le contrôle de gestion peut également faire beaucoup plus facilement du « benchmarking interne », c'est-à-dire effectuer des comparaisons entre établis-

sements afin d'opérer un classement, un « palmarès » entre ces établissements. On peut ainsi calculer le ratio frais de déplacement/chiffre d'affaires, et faire un classement des établissements faisant apparaître les « bons » et les mauvais », et permettant d'avoir une idée du ratio moyen pouvant être fourni de façon indicative comme norme budgétaire. Là encore, on peut obtenir ces informations avec un système classique, mais beaucoup moins facilement.

Le PGI facilite la systématisation et l'automatisation de l'édition routinière de ces états de benchmarking interne. On met ainsi en place un outil efficace pour cerner les bonnes pratiques, limiter le développement du slack et avoir un système budgétaire fonctionnant de façon efficace et non plus rituelle.

∗∗∗

La reprise en main budgétaire chez Prodaligro se concrétise notamment par la publication de normes de plus en plus précises pour encadrer les demandes des établissements. Par exemple, l'année dernière, une étude de la direction de la logistique était annexée à la note de cadrage, permettant de déterminer l'équipement optimal en moyens de manutention (chariots élévateurs, trans-palettes, etc.) et en nombre de caristes dans un établissement en fonction du chiffre d'affaires, du nombre de références en stock, du nombre de clients, etc.

Question 7. Dans quelle mesure le système d'information peut-il être utilisé pour faciliter ce travail de normalisation et de prévision ?

On met en évidence ici le rôle du système d'information dans le travail de modélisation et de simulation qui permet une meilleure prévision, une meilleure budgétisation.

La base de données contient une multitude d'informations pouvant être utilisées dans une optique de modélisation et donc de normalisation. Tel poste de charge dans une agence dépend d'un certain nombre de facteurs qu'une analyse statistique, à partir de l'historique sur plusieurs périodes, peut mettre en évidence (calculs de régression par exemple). On rejoint là les pratiques de « datamining ». À la limite, le contrôle de gestion peut être en mesure d'effectuer *a priori* ses propres prévisions budgétaires pour l'ensemble du réseau, et ensuite comparer avec les pré-budgets transmis par les établissements. Il peut concentrer son attention sur les anomalies, les postes sur lesquels l'écart est important, ce qui peut « cacher une tentative de constituer du slack ».

L'enjeu est ici la réduction de l'asymétrie d'information, le contrôle de gestion pouvant capitaliser les connaissances relatives au métier. Le contrôle de gestion est en mesure d'apprécier de façon critique le coût des différents segments de la chaîne de valeur. La marge de négociation entre le siège et les établissements ne peut que se resserrer, les dépenses étant pour l'essentiel normées. Un établissement s'écartant de la norme dans l'établissement de son budget devra être en mesure de fournir de solides arguments pour convaincre le siège du bien-fondé de sa proposition chiffrée.

Question 8. Quelles critiques pouvez-vous formuler à l'encontre des évolutions voulues par le nouveau directeur général, concernant la place que doit occuper le système d'information et le contrôle budgétaire dans le management de l'organisation ?

Le système gagne en efficacité apparente (on limite le slack), mais c'est au prix d'une détérioration des relations humaines, des relations de confiance qui normalement devraient prévaloir dans une entreprise. Plus le système est efficace, plus les opérationnels se sentent « fliqués », ce qui n'est pas de nature à favoriser la motivation, le sentiment d'appartenance à une « famille », etc. Les systèmes d'information de gestion, et en particulier les systèmes d'information comptable et de contrôle de gestion, peuvent avoir des effets pervers très graves au niveau du climat social, de la culture d'entreprise. Un slack raisonnable est souvent le prix à payer pour obtenir de la part des collaborateurs loyauté, collaboration, etc. Sinon, on risque d'avoir des gens aigris et stressés, avec une productivité médiocre.

Bibliographie

Anthony R.N. (1988) : *The Management Control Fonction*, Harvard Business School Press ; trad. française : *La fonction contrôle de gestion*, Publi-Union (1993).

Bailly L. et Leclère D. (2010) : *Contrôle de gestion*, Foucher, coll. DCG.

Berland N. (1999) : *L'histoire du contrôle budgétaire en France. Les fonctions du contrôle budgétaire, influences de l'idéologie, de l'environnement et du management stratégique*, Thèse en sciences de gestion, université de Paris-Dauphine.

Berland N. (2004) : « La gestion sans budget : évaluation de la pertinence des critiques et interprétation théorique», *Finance, Contrôle, Stratégie*, vol. 7, n° 4, p. 37-58.

Bouquin H. (1991) : *Le Contrôle de gestion*, PUF, 2e édition.

Bouquin H. (1992) : *La Maîtrise des budgets dans l'entreprise*, EDICEP-AUPELF.

Burlaud A. et Simon C. (1993) : *Comptabilité de gestion, coûts-contrôle*, Vuibert.

Degos J.-G. et Leclère D. (1990) : *Méthodes matricielles de gestion comptable approfondie*, Eyrolles.

Desreumaux A. (1998) : *Théorie des organisations*, EMS.

Gervais M. (1987) : *Contrôle de gestion par le système budgétaire*, Vuibert.

Gignon-Marconnet I. (2003) : « Les rôles actuels de la gestion budgétaire en France : une confrontation des perceptions des professionnels avec la littérature », *Comptabilité, Contrôle, Audit*, vol. 9, n° 1, p. 53-78.

Greiner L. (1972) : "Evolution and revolution as organizations grow, *Harvard Business Review*", july-august.

Grenier C. et Teller R. (1992) : *DESCF – Synthèse économie et comptabilité*, Foucher et OECCA.

Lauzel P. et Teller R. (1992) : *Contrôle de gestion et budgets*, Sirey.

Leclère D. (2011) : *L'essentiel de la comptabilité analytique*, Eyrolles, coll. « Les essentiels de la finance ».

Malo J.-L. et Mathé J.-C. (2000) : *L'essentiel du contrôle de gestion*, Éditions d'Organisation, 2e édition.

Mintzberg H. (1979) : *The structuring of organizations* ; trad. française : *Structure et dynamique des organisations*, Éditions d'Organisation, 1982.

Ordre des experts-comptables : *Les Prévisions*, ECM, 1986.

Sloan A.P. (1963), trad. française (1966) : *Mes années à la General Motors*, Hommes et Techniques.

Sponem S. (2004) : *Diversité des pratiques budgétaires des entreprises françaises : proposition d'une typologie et analyse des déterminants*, Thèse de doctorat, université de Paris-Dauphine.

Trahand J. (1980) : *Étude des processus de planification et de contrôle dans les entreprises : création d'une typologie et essai d'interprétation*, Thèse de doctorat, université des sciences sociales de Grenoble.

Index

Maquette et mise en page : Nord Compo
Imprimé en Allemagne par BOD

N° d'éditeur : 4479
Dépôt légal : mai 2012